障害の重い子どもの発達診断
基本と応用

白石正久 著
Shiraishi Masahisa

クリエイツかもがわ
CREATES KAMOGAWA

はじめに

　本書は、機能障害の重い子どもの「発達検査」と「発達診断」の方法を論じたものである。まず、基本的な概念について、本書の立場の説明とともに整理しておきたい。

「障害の重い子ども」「重症心身障害児」「重度・重複障害児」
　「障害が重い子ども」に関わる概念に、「重症心身障害児」（「重症児」と略されることも多い）と「重度・重複障害児」がある。
　「重症心身障害児」とは、児童福祉法上の概念であり、その第7条2には「障害児入所支援」の定義と関わって「重度の知的障害及び重度の肢体不自由が重複している児童（以下「重症心身障害児」という。）」とされている。元東京都立府中療育センター院長の大島一良による**表1**の1、2、3、4が重症心身障害児として判定されてきた経過がある。

					(IQ)
21	22	23	24	25	80
20	13	14	15	16	70
19	12	7	8	9	50
18	11	6	3	4	35
17	10	5	2	1	20
走れる	歩ける	歩行障害	座れる	寝たきり	0

表1　大島の分類
1. 1.2.3.4 の範囲に入るものが重症心身障害児
2. 5.6.7.8.9 は重症心身障害児の定義にはあてはまりにくいが、①絶えず医学的管理下に置くべきもの　②障害の状態が進行的と思われるもの　③合併症があるもの　が多く、周辺児と呼ばれる

「重度・重複障害児」の「重複障害児」とは、『学習指導要領』における「複数の種類の障害を併せ有する児童又は生徒」のことであり、学校教育法施行令第22条3において規定される「特別支援学校の対象とする障害の程度」を複数併せ有する子ども等のことを言う。これに冠せられる「重度」には法的定義はない。「養護学校設置義務制」を準備する段階における特殊教育の改善に関する調査研究会『重度・重複障害児に対する学校教育の在り方について』（1975）では、「精神発達の遅れが著しく、ほとんど言語をもたず、自他の意思の交換及び環境への適応が著しく困難であって、日常生活において常時介護を必要とする程度の者」、「破壊的行動、多動傾向、異常な習慣、自傷行為、自閉症その他の問題行動が著しく、常時介護を必要とする程度の者」とされていた。

「重症心身障害児」および「重複障害児」はいずれも行政施策上の概念であり、学問的な検討を経た概念とは言えない。ほぼ同義なものとして、明確に区別されることなく用いられてきた経過がある。教師も「重症心身障害児」「重症児」という呼称を用いることがある。

本書ではこれらの概念は、一部の章を除いて、基本的には用いないこととした。その理由は以下の通りである。すでに述べたように、これらは行政施策上の概念であり、既定の、施設、給付、学校・学級、教育課程などを子どもに適用するための基準なのであって、子どものニーズを説明するものではない。自らの障害を認識し、その障害とたたかいつつ、人間関係を含む生活環境において、人間的な要求をもち、幸福に生きることを願う主体的な存在として、「障害の重い子ども」と向き合いたいと思う。それが、ICIDH（国際障害分類）からICF（国際生活機能分類）へという障害概念の質的変化を正当に生かすことだろう。

しかし、「重症心身障害児」「重度・重複障害児」に代わる概念を考案することは容易ではない。それは、やはり彼ら自身が認識し、葛藤し、たたかっているその障害は「重い」のであって、そのことを表現する言葉は、他に見つからない。重い障害は、ときに「どう生きるか」の前に「どうやったら生き続けることができるか」という問題を彼らと家族に強いる。「生きる」ことができたと

しても、からだは痛み、呼吸は苦しく、摂食は命がけの現実もある。あるいは、思いを表現するための機能のほとんどをもっていないか失ってしまっている場合もある。これらの現実を表現する言葉は、「障害の重い子ども」以外には思い当たらなかった。そして、この「障害の重い子ども」を書名に用いたのは、日々の生活を送る子ども自身の思いに少し近いと感じたからでもある。

　付言すれば、本書では「発達の障害」も重い子どもを対象とする。それは、知的障害が重いことと同義ではない。後に述べるように、発達が自己運動していくための発達の原動力の発生と発展に障害があるということである。

「発達検査」「発達診断」

　次に「発達診断」およびその関連概念の「発達検査」についてである。筆者は、既存の「発達検査」「発達テスト」あるいは「知能テスト」の役割について、懐疑的かつ否定的にとらえるつもりはない。しかし、同時にその標準化された手引き通りに実施することは、自らの実践においては行ってこなかった。したがって、制限時間は設定せず、また「＋」「−」などで「通過状況」を記録したり、DQ、IQを算出したり、発達のプロフィールを描くことを私はしない。「発達検査」は、子どもの生命、自由、幸福、基本的人権の保障を実現していく目的のもとで役割を果たすべきであり、換言するならばあくまでも子どもの権利保障のための実践において、子どもをよく理解するための手段となるべきものである。その目的のために、「発達検査」の何をどう使うのかを、私たちは主体的に吟味する必要がある。

　その「発達検査」を一つの情報として、教育や社会福祉の実践が、子どもの機能・能力だけではなく、子どもに潜む発達要求と、それゆえに生じる矛盾と発達の原動力のありようを明らかにし、発達の源泉、「支え」や「手がかり」等の内容・方法、実践の基盤条件の改善課題などを検討していくのが「発達診断」である。つまり、医療における「診断」が対象の疾病の状態像を的確に判断して、治療の方針や内容を定めていく役割を担うことと同様に、実践のための対象理

解の手段となるのが「発達診断」と言えよう。

ただし留意すべきは、教育や社会福祉の実践における「発達診断」は、医療における「診断」よりもはるかに相対的なものであること、換言すれば絶対的な情報ではないことを認識する必要がある。たとえば教育は、教育目的と教育目標の下で、子どもに伝えるべき教育内容とそのための方法が吟味され、実践の過程で集団的に総括され、その修正や発展を期して永々と続く実践である。そのなかで子ども理解は深まり、その認識の発展に応じて教育内容・方法も作り替えられていく。その過程において、実践の外から教師などの子ども理解に手がかりを供し、ときに再考を促して、議論の契機を提供するのが「発達診断」の役割だろう。もちろん「発達診断」も多くの誤りをもち、万能ではないことを自覚しなければならない。

そういった実践と「発達診断」の相互関係が形成されるならば、「発達検査」からの情報が「発達診断」へと直線的に結びつくのではなく、「発達検査」の情報と教育実践や生活のなかでの子ども理解を総合して、「発達診断」がより具体的かつ精緻になっていくことも可能になる。

「発達障害」「発達の障害」

次に「発達障害」という概念についてである。日本で「発達障害」と言った場合には、発達障害者支援法の定義である「自閉症、アスペルガー症候群その他の広汎性発達障害、学習障害、注意欠陥多動性障害その他これに類する脳機能の障害であってその症状が通常低年齢において発現するもの」が想起される。しかし、本来の発達障害は、精神的、身体的な発達の遅滞、あるいは偏りが生じている状態であって、精神発達遅滞、知的障害に近い概念であり、運動発達の遅滞もこれに含まれる包括的な概念である。この混乱があるために、日本では「発達障害」という概念が使いにくくなってしまっている。私は、自閉症スペクトラムを中心とした定義ではなく、広い定義によって用いるべきだと考えているが、同時に、遅滞や偏りという現象的な理解にとどめず、その遅滞や偏り

をひき起こす背景要因を「発達障害」としてとらえるべきだと考えてきた。

その課題意識は、田中昌人の以下の提起に学ぶものでもある。「発達障害は、いわゆるおくれの程度として段階づけられる側面をもつと同時に、それだけに還元されない質をもっている。それは人間の発達における基本的に共通の弁証法的発展法則のうえになりたつ質である。発達障害の顕著な特徴は可逆操作の高次化の障害としてとりだされるが、それはさらに可逆操作力と可逆操作関係の矛盾の自己運動障害と見ることができる」(田中昌人「発達の弁証法におれる矛盾」『人間発達の科学』青木書店、188ページ、1980)。

知的障害（精神発達遅滞）は、同年齢の人に比べて「〇〇ができない」という能力の未到達をもっている。この遅滞は固定的ではなく、個人差は大きいが多くの場合、発達は変化の過程にある。しかし、なかには長く発達の質的転換の困難を示す事例もある。遅れの程度はさまざまであっても、「変わりやすさ・変わりにくさ」と表現されるもう一つの特徴が知的障害には存在している。その「変わりやすさ・変わりにくさ」を規定するのは、原因となる疾患、損傷、機能不全の重大性だが、それだけではなく発達の自己運動のための原動力が生まれにくいという要因が潜在しているのではないか。その「発達の原動力の生成の障害」という意味で「発達障害」を使いたいところであるが、日本ではそれとは異なる使用が一般的となっている。そのために本書では、「発達の障害」と言い換えて記述することにした。

なお、発達の原動力の生成の困難としての自己運動障害に深く関与する環境的諸条件、なかでも教育と生活のありようを視野に入れて、「発達の障害」をとらえていきたい。

「可逆操作の高次化における階層―段階理論」

筆者が、発達診断や発達相談の実践において、理論的な枠組み、あるいは手がかりとして依拠してきたのが、田中昌人・田中杉恵らによる「可逆操作の高次化における階層―段階理論」である。田中昌人が1956年に就任した知的障害

児入所施設・滋賀県立近江学園の研究部、地域連携関係にあった大津市民健康相談所（当時）などの実践と研究の中から、「発達保障の理念」とともに提起されたのがこの理論である。若干の解説は第1章の註において行うが、田中（1980、1987）などを参照していただきたい。また、この理論の形成と深く関わる「発達保障の理念」は、近江学園の設立者の一人であり園長でもあった糸賀一雄によるところが大きい（糸賀、1968）。

筆者は、田中昌人の下で学び、かつ田中昌人・田中杉恵が深く関わった京都保健会吉祥院病院などでの障害児医療に「発達相談員」として職を得て、その実践と研究に大学教員となってからも携わってきた。

この理論を手がかりとすることにおいて筆者が重視してきたのは、ドグマ（dogma、定説または教条）にしないということである（白石、2006）。たとえば、「みかけの重度」問題を提案することにおいて、この理論における機能連関のとらえ方、具体的には「運動」「手指の操作」「音声」「情動」「社会性」などの発達が相互に有意な連関的関係を結んでいることを前提にすると、運動や感覚の機能障害が重い子どもの他の機能領域の発達状況を説明できなくなるからである。

田中らは、この理論の形成において、「弁証法的唯物論」の認識と思考の方法に拠っている。これは、感情を含む人間の高次の精神活動は、中枢神経系の機能という物質的な基礎の上に成り立っていること、ドグマや先入見を排除して、自然、社会、歴史を「ありのまま」の連関と運動（変化、発展、発達など）においてとらえること、その運動のなかにある対立や矛盾を運動の原動力として見出すことなどを特徴とするものである。したがって「可逆操作の高次化における階層一段階理論」は、子どもの発達の連関と運動の様態を「ありのまま」とらえることを真髄としていると言ってもよい。これを今日、ドグマとして子ども理解に適用すれば、子ども、なかでも「障害の重い子ども」の発達とその障害の複雑さや深遠さ、つまり弁証法的な過程をとらえることはできなくなってしまうだろう。このことを、私は自分に言い聞かせている。

本書は、事例を中心として個別的な情報の記述になっており、そのことに読者のみなさんは辟易するかもしれない。しかし私は、子どもが示した事実は記録さえ残れば、やがて新しい子ども理解の契機になると考えている。
　以上が、本書の前提となる整理である。
　第Ⅰ部では、第1章において「発達検査」のための手技と観察の視点を解説した。そのうえで第2章において、機能障害が重いために通常の「発達検査」の方法では「発達診断」が容易ではない子どものなかに、「みかけの重度」という存在があることを問題提起的に報告した。
　第Ⅱ部では、第Ⅰ部での「基本」の解説を基礎にして、通常の乳児期に当たる発達段階、1歳半の質的転換期を中心として、障害の重い子どもの個別疾患の特徴に留意した「発達検査」と「発達診断」の方法と視点を論じた。さらに、「みかけの重度」問題をひき起こすレット症候群などの「難病」・稀少疾患と自閉症スペクトラムの一グループについての「発達検査」「発達診断」の方法と視点を論じた。
　なお、本書で取り上げている事例については、すべて既出の研究発表であり、その承諾を得ている。事例が特定されないための改変を行っている場合もあることを付記したい。

[文献]
糸賀一雄（1968）『福祉の思想』日本放送出版協会。
白石正久（2006）『発達をはぐくむ目と心―発達保障のための12章』全障研出版部。
田中昌人（1980）『人間発達の科学』大月書店。
田中昌人（1987）『人間発達の理論』大月書店。

はじめに 3

序
[寄稿] 発達保障のための地域づくり
　　　広島県東部地域での「発達診断研修会」の取り組み（青山みすず）……………… 14

第Ⅰ部 障害の重い子どもの発達診断
[基本編]　　　　　　　　　　　　　　　　　　　　33

第1章
発達検査と発達診断の基本的な方法 …………………………… 34

　1｜障害と発達の区別と関連…………………………………………………… 34
　2｜具体的な発達検査と発達診断 ……………………………………………… 37
　　　1. 乳児期前半である「回転可逆操作の階層」と発達診断　37
　　　2. 乳児期後半である「連結可逆操作の階層」と発達診断　54
　　　3. 1歳半の発達の質的転換期である「次元可逆操作の階層」への
　　　　飛躍的移行と発達診断　65
　　　4. 2～3歳である「次元可逆操作の階層」の「2次元形成期」の発達診断　77

第2章
「みかけの重度」問題として提案した発達診断 …………………… 94

　1｜難治性てんかんと重度の脳性マヒのある子ども ………………………… 96
　2｜レット症候群のある子ども ………………………………………… 100
　3｜道具的操作が未獲得でありながら
　　　対比的認識を獲得しつつある知的障害の子ども ………………………… 103
　　　1. 事例の検討　104
　　　2. 発達診断の視点と教育指導　111

第II部 重い機能障害のある子どもの発達診断
[応用編] ……117

第3章
生後4か月頃の「生後第1の新しい発達の原動力」の発生における「発達の障害」
──ウエスト症候群（点頭てんかん）・結節性硬化症 …… 118

- 1｜難治性てんかんと発達 …… 118
- 2｜難治性てんかんの子どもの乳児期前半の
  発達段階（「回転可逆操作の段階」）における発達 …… 120
    1. はじめに　120
    2. 研究の対象と方法　121
    3. ACTH療法と発達の変化　123
    4. 姿勢の獲得と発達的諸力の連関　128
    5. 難治性てんかんの治療過程と発達への指導　132
- 3｜結節性硬化症を基礎疾患とする難治性てんかんの子どもの乳児期後半の
  発達段階（「連結可逆操作の階層」）への質的転換における「発達の障害」　133
    1. 結節性硬化症を基礎疾患とする難治性てんかんは発達にいかに関与するか　133
    2. 研究の対象と方法　134
    3. 結果　135
    4. 考察　138

第4章
1歳半の発達の質的転換期における「発達の障害」
──アンジェルマン症候群の初期発達 …… 141

- 1｜アンジェルマン症候群とは …… 141
- 2｜発達過程の特徴 …… 142
    1. およその発達傾向　142
    2.「発達の障害」　143
    3. 典型的事例　144
- 3｜アンジェルマン症候群児の「発達の障害」 …… 150
    1. 二つ（「対」）の対象との継次的な（順序立てた）接点の形成の困難　150
    2. 対象世界や活動への二分的な選択性の強化と発達の原動力の生成の困難　152

4｜教育指導の留意点 ……………………………………………………………… 153
　　　1. 指導の前提としての対象世界の構成　153
　　　2.「むき出し」の教育的意図ではなく、生活の意味と価値を内包した教材に　154

第5章
重症心身障害児と「みかけの重度」問題 ……………………………… 157

　1｜問題 ……………………………………………………………………………… 157
　2｜方法 ……………………………………………………………………………… 158
　　　1. 対象児　158
　　　2. 方法としての発達検査の実際　159
　3｜結果の検討 …………………………………………………………………… 164
　　　1. 横断的検討　164
　　　2. 縦断的検討　171
　4｜重症心身障害児の発達診断と「みかけの重度」問題 ………………… 180
　　　1. 一人ひとりの発達要求を認識する　180
　　　2. 重症児の発達診断法のために　184

第6章
機能的退行の背後にある精神発達
——レット症候群 ……………………………………………………………… 187

　1｜レット症候群とは …………………………………………………………… 187
　　　1. 発症の時期　188
　　　2. 手の常同行動　188
　　　3. 運動の障害　189
　　　4. 精神発達の障害　190
　　　5. その他の特徴　190
　2｜「発達の障害」の特徴 ……………………………………………………… 190
　　　1. 自らの機能的制約の進行の対象化　191
　　　2. リーチングの減少と発達との関連　193
　　　3. 言語の認識の可能性　196
　3｜教育指導の視点 ……………………………………………………………… 199
　　　1. 常同行動を抑制することは可能か　199
　　　2. 発達段階に応じた経験の保障と自我の発達への援助　200

第7章
1歳半の発達の質的転換期と発達連関の特殊性
——機能障害の重い自閉症 ………………………………………… 203

- 1 │ 障害の重層的理解 ……………………………………………………… 203
- 2 │「発達の障害」と行動の連関 …………………………………………… 205
  - 1. 視覚的弁別認識の優位　206
  - 2. 対比的認識の動揺と他者の意図への依存性　206
  - 3. 対比的認識の確定と予期不安　207
- 3 │ 行動の問題を惹起する環境的社会的要因 …………………………… 208
  - 1.「自―他」分化と意図の形成　208
  - 2. 二分的評価の克服　210
- 4 │ 機能障害が重い自閉症の子どもの発達とその診断 ………………… 211
  - 1. 機能障害が重い自閉症の子ども　212
  - 2. ローランド発作波に近似した脳波異常をもつグループ　214
  - 3. 事例の検討　216
  - 4. 二つの事例の考察　220

終章
発達診断と教育実践のために ………………………………… 224

- 1 │ 発達をどのように認識するか ………………………………………… 224
  - 1. 生きるための要求と発達要求　224
  - 2. 発達における対立・矛盾と発達の原動力　225
  - 3. 発達における連関　228
- 2 │ 発達の過程において他者はどう現れるか …………………………… 229
- 3 │「みかけの重度」問題から学ぶ ………………………………………… 232
  - 1. 重い機能障害は精神発達への絶対的制約にならない　232
  - 2. 価値選択と創造の主体と　233
  - 3. 結びにかえて　235

おわりに　237

序

[寄稿]
発達保障のための地域づくり
広島県東部地域での「発達診断研修会」の取り組み

特定非営利活動法人あいあい広場理事長　青山みすず

はじめに

　1993年から20年余にわたって白石先生を迎え、広島県福山市を中心とした地域で発達診断研修会を開催してきました。この研修会は、1日目の白石先生の講演、それを受けて2日目、3日目はその年ごとのテーマに基づいて、発達診断の研究を行うという3日間の研修です。1日目の講演会は、毎年200名ほどの参加がありますが、2、3日目の発達診断研修会の方は、当初この地域の幼児療育施設の職員や特別支援学校の教員などを中心にした小さな研修会として出発しました。最初の年の参加者は16人でした。しかし、年々参加者が増え、参加者も幼稚園・保育所、成人施設、学校の教職員などさまざまな職種の人へ広がり、福山市近辺だけでなく広島市や四国、九州からの参加者もあって地域的にも広がりがありました。参加者の数も、40名という定員に納まりきらず年々定員を増やし70～80名で開催するようになりましたし、それでも定員を上回る参加希望者があり、会場の都合で断るというほどの参加状況にまでなりました。

　この研修会の中で私たちは、たくさんのものを学んできました。福山市を中心とした療育施設共同で実施している巡回相談や健診後のフォローの相談、子育て支援での相談などやそれぞれの療育施設で実施している相談などへ、私たちが曲がりなりにも対応することができるようになってきたのも、この研修会あってこそでした。また、それらの活動やそれぞれの療育施設の日々の実践に対して、地域の中で信頼を得ることができてきたのも、やはりこの研修会で学んできたからこそと実感しています。

発達診断研修会の始まったころ

　激しく頭を床に打ちつける子、トイレの中に入ってスリッパをなめたりかじったりする子、楽しいはずの水遊びを工夫したのに入れない子、次から次へと大人の困ることをしては笑顔さえ見せる子…障害をもつ子らの療育や保育等に関わると、こんな子どもたちの姿に悩まされます。「なぜ」と検討しても見えてこないと、つい親の生活や関わり方のせいにしたり、障害の重さのせいにしたりと、実践の方向さえ見出せなくて自分たちのふがいなさに腹だたしい思いもたくさんしてきました。

　私たち子どもに関わる仕事をするものにとって、こんな悩みは本当に大きいのですが、生活を共にする親の悩みは、生活上の困難さとあわせていっそう大きなものです。家庭訪問に行っても落ち着いて話さえできないほど、次から次へと大人の困ることを繰り返す子、市営住宅の５階からものをポンポンと投げてしまう子、台所中小麦粉だらけにしてしまう子、夜寝ずに遊んでしまう子…そんなお母さんたちの生活の大変さや悩みからなんとか抜け出させてあげたい…職員として切実に考えていました。しかし、親の生活がままならないほどひっきりなしに続く「困った行動」に、何とかしたいと悩みはしてもその解決の方向性すら示せず、ただ「がんばって」としか言えないむなしさと力のなさを深く感じてしまうことも多くありました。

　広島県東部は、「障害は個性」「発達保障という理念は差別」あるいは「障害児だけの集団は刺激不足」「発達課題にあった集団編成や教育内容は能力主義で差別的」等と言われ、実践が省みられない傾向が非常に強い地域でした。そういう地域の中で、幼児の療育施設や全国障害者問題研究会（全障研）のメンバーたちは実践や運動でがんばってはいましたが、健常児といっしょにいるだけでよしとする「共育共生」の力の中で押しつぶされそうな状況もありました。だからこそ、障害や発達を科学的にとらえ、発達保障の理論や実践への確信と見通しを確固としてもちたい、実践を積み上げ、実践を通して「共育共生」を乗

第 21 回発達診断研修会（2016 年 2 月 11 日）

り越えていく力をもちたいと強く願っていました。また、どのような施設・機関に通ったとしても、子どもたちの発達への取り組みが、療育施設だけでなく、保育所、学校、作業所などとも、共に共同しながら考えていけるような地域づくりがしたい、とそんな思いも強くもっていました。

　こうした悩みが、私たちの発達を学びたい、子どもを理解したいという思いを大きく、強くしました。子どもを知りたい・わかりたいという思いは、さまざまな研修会へ参加したり、自主的な勉強会をしたり、悩みを語り合い、知恵を寄せ合う活動のエネルギーとなっていました。

　「子どもをわかりたい」という思いからさまざまな発達検査も使ってみたいと考え、検査を使えるようになることを目標とするようになりました。その当時は、検査をすれば子どもが見えてくる、取り組みの方向が見えてくる、一つの検査だけではわからないから検査を組み合わせて実施していけばもっと子どもが見えてくると考えていました。ところが検査を実施しさえすれば、子どもや取り組みが見えてくるわけではなく、またもや深い悩みに陥ってもいました。

　1981 年以来さまざまな研修会を開催してきた「障害者問題基礎講座」で、白石先生に何回か福山の地に足を運んでいただきました。1992 年から 1993 年にかけては「障害と発達を学ぶ」という 4 回シリーズをもちました。この研修会には、毎回 200 名余の参加者があって、主催者さえも驚くほどの、福山では盛況の研修会となりました。このことは、この地域の中で発達や障害をふまえた実践が求められていることを私たちに再確認させました。また、一方でそれに

応えていくべき私たちの力のなさが認識されたということでもありました。そんな状況を白石先生は、とても見捨ててはおけないという心境だったのだと思います。「これから10年、福山に来る」と私たちに宣言されたのです。それから今日に続く発達診断研修会が始まることになりました。

発達診断研修会の20年から見えてきたもの

●子どもの見方が変わる

　発達診断研修会が始まった時期、この地域のそれぞれの療育施設では、子どもの相談や発達評価の一つとして日常的に発達検査を使っていました。しかし今振り返ってみると、発達検査の結果から発達指数を出したり、プロフィールを描いたり、発達は何歳ごろに対応するか（それはそれですべて否定されるものとは思いませんが）にのみ関心をもち、子どもの願いをつかむことはまったくといっていいほどできていなかったように思います。検査中に示す子どもの拒否的な反応を許せず、とにかく出した課題をやるかやらないかが問題だと考えていました。子どもをわかりたい、取り組みの方向性を見出したいという思いから使用してきたはずの検査でしたが、私たちの思いと実際とは遠くかけはなれたものでした。

　そんな私たちでしたが、この研修の中で一から十まで驚いたり、これまでの自分たちの取り組みを反省したりの連続の中で、未熟ながらも自分たちの力もついてきたと思えることもあります。

　研修会の中で白石先生の「間」をもった子どもへの働きかけ・態度・語り口や子どもの力を信頼する姿勢を見ることを通して、その一つひとつが大切な意味をもつものだとは、それ以前は考えたことはなかったように思います。私たちの行動や言葉の一つひとつが子どもの行動や反応を引き出しているとは考えてこなかったように思います。しかし、検査の中での白石先生の子どもへの関わり方を見ていくことで、その重要性に気づかされました。またそういう姿勢で

臨んでいるからこそ、子ども自らが葛藤を乗り越えて検査に向かってくるのだということも気づかされました。検査の結果は（－）、つまり「できない」ということであっても、大きな葛藤を乗り越えて子どもが課題に向かってくる姿は、本当に「美しさ」さえ感じる感動的な場面でした。白石先生と子どもたちが織り成す一つひとつの場面が、私たちの心の中に感動を呼び覚まし、そのことで深く学び、私たちも少しずつ成長してきました。

● 子どもの内面が見えてきた

今でも印象的に浮かんでくるのが、初期のころの研修会でのダウン症のケンちゃんの検査場面です。検査課題に向かおうともせずマジックミラーを通して検査場面を見ている私たちのほうへ、当時の人気アニメのドラゴンボールのカメハメ波を何度も打ってくる姿や、検査室のドアを開け私たちにふざけた態度を繰り返すケンちゃんの姿を、「できるのにやらない」「いつもこうだ、やる気がないよな」としかとらえられませんでした。しかし、その後のケース検討の中でケンちゃんのそんな行為は課題に立ち向かうエネルギーをため込もうとしている姿と白石先生から教えられ、これまで私たちが曇った目でしか子どもを見ていなかったことを思い知らされました。

このことは私たちにとって重いショックを後々まで残したのですが、同時にいっそう子どもたちの気持ちがわかりたい、学びたいという思いを強くしました。

次の年の研修会でのことです。この年、私たちはまたまた頭をガーンと殴られるようなことと出会うことになりました。

その年、白石先生に検査を担当していただいたのが、自閉症のダイちゃんでした。「新版K式発達検査」の「形の弁別Ⅰ」の図版が机の上に示されても、ダイちゃんは部屋の出窓の所に座ったまま、たまたまあったX線フィルムの箱に、唾をズルズルと出しては、出した唾をまたズッズーと吸い込むことを繰り返すばかりでした。マジックミラーを通して外で見ている私たちは、そんなダイちゃんの姿にイライラしながら、「なんて汚い、ダイちゃんは重い自閉症だからなー」

などと、そうした行為も障害のせいとしか受けとめることができませんでした。しかし、そんな汚いことを繰り返すダイちゃんが、やがて顔を上げて課題の置かれた机に近づいて、丸図形を取り上げてすっと弁別図版の丸の形の上に置いたのでした。そのとき、ダイちゃんのやっていた汚い行為が、丸を置きたい願いがありながらもたじろいでいる姿だったのだと、スーと心に落ちました。「そうだったのか」と深く心から理解したのだと思います。それとともに、それまでダイちゃんの示してきた行動、散歩に出ればかたっぱしから草を食べ、帰ってきたら口の周りは緑色になっていたことや、建物の木枠をかじり、そこらじゅう歯形でいっぱいにしてしまったことなどについても、「そんなにしんどい気持ちでいたのか」、「前に向かっていこう、自分でもやろうと葛藤していたのか」と理解することができました。

　この経験を通して、ケンちゃんの事例ではまだ心の底からわかっていなかったことが、しっかりつかめたように思います。私たちも子どもが葛藤している姿をとらえることができるようになってきた瞬間だったように思います。それは検査室の外で、見ていた参加者共通の感動の思いでした。

　ケンちゃん・ダイちゃんの姿を通して、その表面の姿から容易に推し量れない子どもたちの内面があること、そしてその内面に気づいていくことの大切さを言葉で理解するのではなく、感情の奥深くで理解したように思います。涙が出るほどの何とも言いようのない感動でした。

　研修会での体験は、日ごろの子どもを見る目を大きく変えたように思えます。表面の姿のみではなく、その姿の奥に潜んでいる子どもたちの密やかな願いや切ないとさえいえる悩みに気づいてやれるようになってきました。その願いや悩みが具体的に何なのかとらえられない場合でも、表面の姿のみで判断することは少なくなってきました。

　このことは、子どもへの接し方、言葉のかけ方、指導の仕方などをも大きく変化させました。汚いものを口にする子に「口に入れちゃだめ！」、参加しようとしない子に「ちゃんとしなさい！」とかの禁止や指示・命令ではなく子どもの

悩みや願いに寄りそった接し方、言葉のかけ方、指導ができるようになってきたように思います。私自身でいえば、子どもたちに力をつけたい、こうなってほしいという思いのあまり、指示的、時には強圧的でもあったように思いますが、そんな子どもたちへの関わり方が、穏やかに余裕と「間」をもって接していくことができるようになりました。子どもの悩みや願いがわかると、当然子どもがその悩みを乗り越えて行った事実がどんな小さなことであっても、とても大きなこととして私たちの心に受けとめることができるようになりました。それは結果的に、自然に、素直に子どもをほめる、受け入れるということもできるようになりました。ほめなければ、受け入れなければという意識ではなく、自然に言葉が出てくるようになってきました。

● 子どもたちの反応を見る目は細やかに

　検査中、走りまわったり、窓枠によじ登ったり、机の下にもぐったり、視線をそらしたりなど、とても前向きな気持ちがあるとは見えない姿の中にも、実は葛藤があるのだと見ることができるようになって、子どもたちの示す反応をずいぶん敏感につかむことができるようになってきました。検査の場は全神経を使い向き合う場なのだと、細やかな目をもって子どもの反応の一つひとつを見るようになりました。そうすると、今まで見逃していたような反応が、見えてくるようになりました。ちらりと視線を一瞬向けるだけの答え方もありました。体の中で唯一わずかに動く左足の指先でそっと答えてくれた脳性マヒの子もいました。以前だときっと見逃していただろう子どもたちのひそやかな、そうであっても渾身の力をふりしぼっての反応に気づくことができるようにもなりました。

　発達診断研修会の第5回目は、「障害の重い子どもたちの発達を見る目」をテーマに重症児の発達診断について学びました。この回は当時兵庫県の加古川市立養護学校で重症児の実践をされていた原田文孝先生もお迎えしたということで、実践上での示唆もたくさんいただいた研修会でした。

　この年、白石先生に検査を担当していただいたのは、ユウ君でした。ユウ君は、

肢体不自由養護学校の中学２年生、座位は取れ、寝返りは時たまするのですが、自分で移動はできません。いつも口を開けていて、舌に自分の手のひらを当てては、その手を頭にもっていく「常同行動」を続けていました。たまに興味あるものに手を出しても、その手はすぐに口に行って、結果として手についた唾を頭につけてしまうという行為に戻ってしまうのでした。

　そんなユウ君への検査って、どんなんだろうという期待と、障害の重度さが目を引くユウ君の発達は果たしてどのようなものなのだろうかという思いで、白石先生の検査を見守りました。

　実物模型を示して「〜はどっちかな」という問いかけに、ユウ君はいつもの口に手を当てては唾を頭の髪につけるばかり。「やっぱりな」と思っていると、口にやった手がぱっと実物模型に触れました。でもあっという間にその手は頭の髪に、いつもの「常同行動」に戻ってしまいました。「やっぱりな。偶然よ」という思いしか生まれませんでした。でもまた「〜はどれ」の問いかけに、ずいぶん長い間「常同行動」を繰り返したのち、またわずかのタッチ、「あれ、わかっているのかな」と思っていると、次の問いかけには、間違ってしまう、「やっぱり偶然だった」と納得していると、白石先生の検査は、どんどん課題が進んで行き、「大きい丸はどっちか」なんてやっています。「〜はどれに答えることができないのに何で？」という思いのままにユウ君の検査は終わってしまいました。なんとも不思議な思いのまま、あっけにとられたというような思いでした。結局ユウ君の発達段階は２〜３歳という結果でした。その結果に、驚くというより「うそじゃろー」という思いも残ってしまいました。

　しかしその思いも、事後の学習会でもう一度ビデオを見ながら検査場面を振り返っていくことで変わっていきました。ビデオの映像では確かに手は間違ってふれていても視線の先で答えていたり、一瞬でしかない答え方ではあっても確かに手で触っていることがはっきりと確認できました。何かしら手品でも見せられたような思いにかられた検査場面でしたが、ユウ君が全身全霊をかけて精一杯答えていたのだということがわかりました。自分の髪に唾をつける「いつもの常同

行動」としか見えないユウ君の行為も、前向きに答えようとするからこそその葛藤の姿だったのでした。ユウ君の見かけ上の障害の重さに目を奪われ、ユウ君の発達の力を予断をもって見限り、本当の姿を見ようという努力を怠ってきたし、わずかの行為の中にユウ君の渾身の思いがあったことにも気づかないでいたのです。

　ユウ君の検査を通して「細やかな目で」見ていくことの重要さに気づきましたが、もう一つ大切な気づきがありました。答え方が一瞬で示されるようなものであっても（私たちの目から見ると偶然としか見えないようなことも多いのですが）、受けとめられることによって、だんだん自信をもって答えてくれるようになり、ユウ君の反応がしっかりしたものになってくるということです。子どもたちのちらりと向けた一瞬の視線や、足先をそっと伸ばす答え方を発見していくことで、「わかってくれた」という子どもの思いが生まれ、わずかな検査の時間の中で変わっていくのだと、そして、子ども自身が自分の中にこんな力があったのかと発見していく、検査の場面はそんな場面でもあるのだと感じました。検査の中で、子どもたちの目がだんだん生きいきと輝いて、どんどん積極的に検査に向かい、前向きになっていくのを白石先生の検査で何度も見ました。そして、検査が終了したとき、子どもたちの目には満足感が広がり、「どんなもんだ」とでもいいたそうな表情さえ見て取れました。子どもたちは自分の力をこんなにも示したがっているし、力が発揮できた自分にほこりを感じ、満足していくのだと強く感じました。

● 結果にとらわれないこと。過程を大切に

　「できたか」「できないか」。検査の中でも、私たちはこのことばかりが気になりました。このことは、検査の場面だけではなく、日常の子どもたちを見る目も「できるか」「できないか」にとらわれていたということです。たとえば積木を積むことができるかできないか（このことを見るのも大切ですが）ではなくて、どのように積んでいるのかあるいはどのように積めないのか、完成に至る間に

どのように試行錯誤をしているのか、できないけれどもそこにどんな努力を重ねたのかを見ていくようになって、日常の子どもの姿も、できたかどうかに目を向けるのではなく、その過程にしっかり目を向けていくことができるようになりました。このことは、子どもの内面がどのように動いているかを見ることにつながってきたように思います。

　子どもたちの遊びの場面をビデオで撮ったことがありました。そのビデオを見たとき、私がとらえていたよりずっと子どもたちが生きいきと活動していると感じました。私たちの目はなんと多くのものを見逃しているのだろうと感じました。もちろん今でも子どもたちの表情や思いを十分とらえきれているわけではありませんが、その当時見逃していたことが少しずつ見えてきた、そんな確信がもてるようになりました。

　結果のみにとらわれない見方ができていくことによって、結果にいたる過程と子どもたちの行為が、どういうわけかスローモーションビデオでも見るようにゆっくりと見えてきて、私たちの目にも少しずつとらえられるようになってきました。結果に至る過程がゆっくりと感じられ、見えてきたことによって、子どもの心の動きまでも見えてきはじめたように思います。

　そうなると実にさまざまな子どもの悩みや葛藤や、それを生み出す子どもたちの願いが見えてくるようになりました。そのことは当然、子どもに対しての対応、言葉かけが変わっていくことになりました。「しない、できない、やる気がない」ととらえていればそこでの対応は、指示的・命令的にならざるを得ませんが、子どもの中に「やりたいけどできない」そんな葛藤があると見ることができるならば当然ではありますが、そんな気持ちに寄りそい、支える対応が自然のうちにできるようになっていきました。

●**子どもの中に生まれた小さな意図を大切に**
　せっかく描いていた形も途中でぐちゃぐちゃと書きなぐってしまい、元も子もなくしてしまうような姿も、許される行為かどうかということがまず頭にのぼっ

て、「描こうとしたのだけれども」という子どもの意図には関心を寄せることはありませんでした。しかし、この研修会の中で、結果いかんにかかわらず、やろうとしたのだというその意図こそが大切な事柄であるということを強く感じました。その意図がありながらも葛藤を乗り越えていくことの難しさに直面しているのなら、そこへの援助こそ必要であって、出した結果が良いか悪いかの評価は問題ではないはずです。「だめでしょ」「したらいけんでしょ」という言葉で、子どもたちの小さな意図をどれだけつぶしてきたかを考えると反省せざるをえません。しかし、発達診断研修会の中で、子どもの意図が大人の思う結果をストレートに生み出すわけではなく、子どものやりたい、やろうとする気持ちがむしろ「ふざけ」を招いたり、一見おかしな許しがたい行動を招いたりするのだということを学びました。紙をぐしゃぐしゃにして、果ては紙を破りちらすような行為にも、描きたい気持ちがあるからこそ、「けれどもうまくいかない」と感じている姿なのだと理解できるようになりました。子どもの中に生まれている意図を大切にして、その実現を支える姿勢で臨んでいくことも少しずつできるようになってきました。

　「おしいなぁ。ここまではうまくいったのになぁ。もう一度やってみるか」と子どもの中に生まれた意図に着目して、その意図を励まし、立ち直らせ、もう一度挑戦する気持ちをふくらませていくような「間」をもった働きかけもできるようになってきました。「もう一度、もう一度」と挑戦して自分でも満足できる四角が描け、そのことがうれしくて作品をしっかり握って持って帰ろうとする、そんな子どもの姿を見ることができるようになってきたのも、行為の評価をするのではなく子どもの中に芽生えている意図に気づき、その意図を拡大していけるような働きかけが可能になってきたからだろうと思うのです。

取り組みが変わってくる

●子どもの戸惑いや「問題行動」は、実践の問題

　子どもたちを見る目が変わっていくことで、子どもたちの願う生活が見えてくるようになって、私たちの実践の方向や内容も変わってきました。

　楽しい活動であったとしても、子どもたちが検査場面で見せる姿のように簡単には取り組めなかったり、途中で容易に崩れたりということも多い子らです。子どもたちが「やってみたい」と、自分を励ましながら葛藤を越えてやろうとしていくためには、そこにさまざまな配慮が必要だということも研修会の中で学んだことの一つです。

　やりたい気持ちもありながら周りの世界に敏感で、入れない、取り組めない、その葛藤からさまざまな「問題行動」をおこしてしまうということも理解できるようになりました。「やろうとしない」「入ろうとしない」ことの原因は、子どもたちの中にあるのではなく、むしろ私たちの実践の中に問題があるのだと認識できるようになりました。そこから子どもたちの思いが実現できるような実践を作っていくことが大切と考えるようになりました。そのためには教材・教具への細やかな配慮や子どもたちにつかみやすく、わかりやすい指導過程などがとても重要なことだと考えるようになりました。

　ダイちゃんは、月１回この地域で行われている「いちご教室」という遊びの教室をとても楽しみにして参加しています。にもかかわらず、いつも部屋へ入ったり、活動へ入るのに時間がかかってしまいます。入ったとしても途中でイライラしてしまうことが続いていました。そんなダイちゃんに対して活動へ入らないからといって手を引っ張ったり、からだを押したりということではなくて、ダイちゃんが参加しやすいように、その日に行うホットケーキ作りの絵カードを用意して活動をわかりやすくするなど工夫をしていきました。どうしても入りにくい日は、ホットケーキミックスの袋を運んでもらうことで、活動へ参加できるように働きかけました。また、お母さんに協力していただいて、その日の用意を

自分の手でして出かけて来ることなどで、見通しを作ろうという努力もしてきました。ダイちゃんの入りにくい気持ちを何とか理解し、その気持ちに応じた働きかけをしていこうと考えていくようになっていきました。

　ダイちゃんが楽しみにして家を出てきたにもかかわらず、「いちご教室」の活動になかなか入ることが難しいのは、「いちご教室」を支えてくれている学生ボランティアの存在にあるのではと気づいたのはしばらくしてからでした。毎回参加してくれるボランティアたちは、私たちスタッフにとっては顔なじみであっても、ダイちゃんからすれば、何か得体の知れない人として映ってしまい、緊張感を高めていたのでしょう。初めて参加してきたボランティアであっても、ボランティアという意識で見ているので、その新しい顔ぶれについて私たちは何も気にせずにいましたが、ダイちゃんからすれば、その時の不安は非常に大きいものだったのだと思います。

　そのことに気づいてからは、毎回ボランティアとの出会いの場をていねいに作っていくことにしました。活動に入る前にまずはボランティア一人ひとりに自己紹介をしてもらい、ダイちゃんも一人ひとりと握手であいさつをするようにしました。部屋に入りにくいときには、ダイちゃんのいるところまで行ってそんなあいさつを交わすようにしていきました。ダイちゃんはボランティアたちの自己紹介を、顔はそむけていてもしっかり斜めの視線の端で見ていました。握手をするときも顔をしっかり向けるわけではないのですが、そうした最初の出会いの時間をつくることで、「得体の知れない」ボランティアへの緊張感をなくしていったようです。こんな単純なことでしたが、初めて参加してきたボランティアの人がいても、活動に入るときの入りにくさがなくなってすっと入ってくるようになりました。また、ボランティアたちとの関わりでも緊張が少なくなり、クリスマス会ではボランティアたちと手をつなぎ、歌にあわせて大きくからだをゆすって踊ったりもしました。自分からボランティアに近づいて関わろうとする姿も見られるようになり、不安を感じていたボランティアたちを支えにして、活動に入る場面も見られるようになりました。

ホットケーキをひっくり返そうとしたのに、飛んで逃げてしまうダイちゃんの姿に「もぉー、続かないなぁ」など感じてしまう場面も、よく見るとフライ返しがグラグラしている、「ひっくり返そうとしたときグラグラしてうまくいかないと感じて逃げ出してしまったのか」とそのわけを発見することができるようになりました。こちらの準備が不十分で、そのことが子どもの気持ちを途切れさせてしまったのです。そのことから子どもの手に合う道具を用意する、たとえばホットケーキ作りのときのボウルの大きさ一つにしてもしっかり考えていくことや、子どものわかりづらいところをわかるように準備をしていく、たとえばホットケーキミックスをとく牛乳の量をあらかじめ適量に用意しておくことなど、小さなことですが、それが実践を大きく左右するのだとわかりました。そういう配慮があることで、ダイちゃんも「自分でもできる」という気持ちを強くもって、積極的に活動に参加していこうという気持ちを高め、活動にもじっくり取り組んでいくことができるようになったと思います。そして、少々の失敗にも気持ちを崩さず、何より自ら考え取り組んでいこうとしていきました。ホットケーキの形はいびつであっても、そうやってできたことで、苦手な手での活動にも自信を積み上げていったように思います。

　そんな活動の結果、みんなを待つのがなかなかできないダイちゃんも、他のメンバーが作り終えるまで自分の作ったホットケーキを食べずに待つことができるようになりました。そんな姿も、自分でできた、やったという満足感に支えられたからだと思います。

● **実践の中で、子どもの力への正当な評価を**

　「いちご教室」のメンバーのシュウちゃんは、立たせれば歩けるけれども、自分で立つことも座ることもできない、言葉も話せない、食べ物にさえ自分で手を伸ばせず、その手はいつも下にだらりと伸びたままで、できる動作といえばその手をからだに軽くたたきつけたり、わずかに動かせるだけで、見かけの障害が非常に重いと感じる子どもです。

シュウちゃんの発達を見ていったのは、第8回の発達診断研修会で、検査担当は白石先生でした。言葉で答えられるわけでもない、手の活動で答えられるわけでもないシュウちゃんの検査場面はとても印象的でした。それまでも子どもたちのわずかな動きや視線を偶然のものととらえず、意味あるものととらえていくことの大切さはわかってきたと思っていましたが、すばやく動く視線や思いもかけないからだの部分の動きにまで目を向ける白石先生の検査から、またまた子どもの発達をとらえることの難しさとともに繊細すぎるほどの目をもって子どもを見ていくことの必要性を考えさせられました。

　「新版K式発達検査」にはないのですが、「ケガをした人を運ぶクルマは？」などと用途と絵を符合できるかどうかを問う「はたらく自動車」の図版（165ページ参照）を使い、それに視線で答えさせる課題や、だんだん大きくなる5個の丸から、「一番大きい丸、一番小さい丸、中くらいの丸はどれ？」など円の系列（163ページ参照）を、同じく視線で答えさせる課題など、言葉や手で答えられない子どものために工夫をした課題を使いながらシュウちゃんの検査は進みました。その中で視線の動きや表情を的確にとらえ、また「3つトントンたたいて」「4つトントンたたいて」などと、何気ないからだの動きに見えた膝を打ち合わす行為を数の認識を問う課題に取り込んでいくことで、内に秘めたシュウちゃんの力が、白石先生の検査で引き出されていきました。発達検査も既成のものばかりではなく、一人ひとりに応じて工夫したり、創造していくことで、子どものもっている力を正当に評価できるのだということを学びました。特にシュウちゃんのようなさまざまな制約がある子どもにとって重要だと感じました。その検査結果から、シュウちゃんの発達は、機能的には制限がとても大きいのだけれども、4〜5歳にかけての認識の段階にいるのだろうとされました。

　からだの障害は重く言葉では伝えられなくても、「わかっている」ことはたくさんある子どもとして、「いちご教室」では意思を確認して視線で選択させることを大切にしてきました。そんなことがシュウちゃんにはうれしくて、月1回の「いちご教室」をとても楽しみにしていました。いつも「いちご教室」でやっている「無

人島ゲーム」の歌メロディーを、よく聞くと鼻歌のように口ずさんだりしていました。シュウちゃんの家は、「いちご教室」の会場から遠く、小さい弟もいることから参加がとても負担になり、お母さんもやめようかと思われたこともありましたが、その決心を変えさせるほど楽しみな様子を示していました。シュウちゃんの力が発揮できる場面があることが、教室を楽しみなものにしていたのでしょう。

　しかし、発達診断研修会の結果から考えると、もっとシュウちゃんの発達に見合った対応が必要なのだと考えるようになりました。「いちご教室」で取り組んでいるゲームで、順番を指示してもらうことや、おやつを配るときにも誰に配るか決めてもらうことなど、シュウちゃんの力がいっそう発揮できる場面を用意していくようにしました。また、それまでどちらかというと偶然かなと思ってきた視線や、わずかなからだの動きなども意味のある動作と見て、「～なんだね」とシュウちゃんの気持ちを確認していくようしていきました。そうすることでシュウちゃんの方も、いっそう視線やからだの動きなどで表現してくるようになってきて、気持ちが通じ合うようになってきたと実感できてきました。シュウちゃんの力が発揮できる場面がいっそう増え、しかも焦点が当てられた取り組みになってくることで、シュウちゃんの表情が本当に生きいきしたものと感じられるようになりました。シュウちゃんの力の正当な評価をし、その力に応じた要求をしていくことでシュウちゃんの方もそれに応えていこうとしていることが見て取れるようになってきました。

　「いちご教室」の取り組みは、発達診断研修会で学習してきた仲間たちによって行われている活動ですが、研修会で学んできたことで子どもたちへの取り組みも変わってきました。さらに、この地域の療育施設の実践にも影響を与えてきているように思えます。

地域の中で見えてきたもの

　この20年間の発達診断研修会につどう一人ひとりが発達診断の力量を積み重

ねてきたことを通して、療育施設などのそれぞれの実践が積みあげられ「子どもたちの発達を見ていくことの大切さ」が地域の中で受け入れられ、信頼を得てきたといえるのではないかと思います。

　地域から信頼を寄せてもらうことができるようになった理由の一つとして、「巡回相談」の取り組みがあげられます。

　「共育共生」という考え方によって、障害をもつ子らの特別なニーズを無視し、「みんなといっしょ」ということが強調されて、障害の発見や子どもの発達や障害への取り組みがあまり省みられないというこの地域の実態に対して、「共同して地域を変えよう」と、障害の種別や法制度上の種別を越えて、広島県東部の幼児の療育施設が集まって「広島県東部幼児通園療育機関協議会（幼通協）」を結成しました。幼通協では、職員研修を共同で行うなどの連携を強めていますが、幼通協の重要な活動の一つとなっているのが「巡回相談」です。それぞれの施設から職員を出して、一つの園だけでは構成できない専門性をもつチームを作り、派遣要請を受けて保育所等での子どもの発達相談や、先生方からの相談、保健センター等で行われている子育て事業等での相談を行うというものです。この「巡回相談」は、地元の保健センターや保育所で行われる身近な相談で、気軽に利用しやすいことから、障害の発見やその後の対応へ結びつきやすいという面でも大きな成果を生み出してきているように思います。

　この「巡回相談」が始まったのは、1993年、発達診断研修会がスタートした同じ年の秋からでした。「巡回相談」の取り組みは、この地域で通園施設等の専門機関と保育所等や母子保健分野との連携を進め、お互いの役割を認識しながら障害をもつ子どもたちを共同で育てていこうという動きをつくってきました。

　「巡回相談」の内容は、発達検査、保護者との相談、カンファレンスなどですが、そこでのどの場面でも私たちを支えてきたものは発達診断研修会で学んだことでした。その学びがあってこそ、相談を受けた保護者からも、「巡回相談」の受入先の保育所や保健センター等からも信頼を得ることができたと考えています。

　また、発達診断研修会で学んだことは、それぞれの療育施設等で実施してい

る相談でも生かされています。「共育共生」「地域の子は地域に」などのかけ声の下、障害児療育施設の利用を進めることは「差別」という考えが支配していたこの地域では、保育所・学校などとの関係をつくっていくことがとても難しいものでした。また、健診をすすめ障害の発見の役割をもつ保健師さんたちとの関係も難しいものもありました。そんな中で、保育所・学校や保健師さんから積極的に療育施設への相談を勧められることも増えてきて、保育所等の職員と障害をもつ子どもについていっしょに学習を進めたり、協議をしたりと共同の取り組みが進んできました。これはそれぞれの療育施設で行っている相談が、保護者や先生たちの期待に応えるものになってきたし、相談の利用を進めた機関からの期待に一定応えうるようになってきたからだと思います。

　それぞれの療育施設で実施している相談や外来教室の利用件数は、年々増加し利用者のニーズを満たしていくことが難しいというような事態も出てきている状況です。今後増え続ける相談や外来教室の利用者への対応をどうするかという課題は大きいのですが、地域の中で療育や子どもの発達を見ていくことの大事さが認識されてきているからと考えられます。

　障害の早期発見、早期対応の重要性が叫ばれて久しいのに、この地域での取り組みの進み具合は遅々としたものです。しかし、この地域でも、行政と療育施設などとの共同の取り組みもわずかずつではありますが進んできました。健診後のフォローの教室や健診やその後の相談などへ療育施設の支援が求められるようなことも増えてきました。療育施設への信頼が地域の中で高まってきたからといえるでしょう。

今後の課題

　発達診断研修会スタートの年の白石先生の講演「発達相談の意義と課題」の中で、子どもの発達を知ることの重要性について、「子どもの発達の力とは、その段階にふさわしい生活を要求し、その生活に参加する中で新しい生活を創造

する力である」「自らの力を正当に評価してくれる他者への信頼を獲得し、その人に支えられて自我を発達させていく」と述べられていますが、20年間の研修会の中で示される子どもたちの姿を通して心から実感できるようになりました。

しかし、また、この20年の研修会を通じて発達を学び、実践をつくり、地域を変えるどの点でも自分たちの未熟さが見えてきています。毎年この研修会が終わると、「やった」という充実感とともに、自分たちの課題の重さが肩にずっしりとのしかかる思いがしてきました。

確かに発達診断研修会への参加者は増え、発達を見ていくことの大切さは広がっていきましたが、その広がりは地域のことを思うときまだまだ本当に狭いものです。20年余の年月の中で、この地域の療育施設や学校などに数多くの新しい仲間を迎えましたが、新しく参加してきた若い人たちへも、私たちが学び積み重ねてきたことを伝え、実践を発展させていくという課題も大きくなっています。

障害をもつ子らの生活上のしんどさを何とか少なくしていきたいという思いを私たちの学習のエネルギーとしてきました。しかし今なお家庭で次々と起こるさまざまな生活上の困難さにまだ十分見通しをさし示していけず、もどかしさも感じています。次々に起こる子どもたちの大変な姿に翻弄されてしまっている私たちでもあります。

地域の中で、発達を見ていくことの重要性が、健診やフォローの教室の取り組みなどで認識されてきて、私たちへの期待も大きくなっていることは実感できます。しかし、行政施策の後退などの中でそのような取り組みが進みにくい状況も出てきています。私たちがそんな状況の歯止めとなるような力をつけていくこと、このことも大きな課題です。

子どもが見え、家庭が見え、地域が見えるようになって、いっそう課題の大きさも見えるようになってきているのでしょう。子どもの発達がもっとわかるようになりたい、いい実践がしたい、そんな願いが研修に参加している人たちの共通の思いです。そんな願いをもち続け、この研修会で学んだことを生かしながら、これからの歩みをまた、始めていこうと思っています。

第Ⅰ部

障害の重い子どもの発達診断
【基本編】

第 1 章
発達検査と発達診断の基本的な方法

1 | 障害と発達の区別と関連

　筆者は、痙直性四肢マヒなどの重度の脳性マヒをもち、乳児期にウエスト（West）症候群（点頭てんかん）を発症した子どもを中心として、機能障害の重い事例の発達診断に携わってきた。この子どもは、過緊張、低緊張や不随意運動を主たる特徴とする運動障害によって、躯幹、四肢、頸、手指、眼球などの随意運動がさまざまに制約されている。また、視覚、聴覚などの感覚の障害も軽くない。さらに、てんかん発作や強度の脳波異常による不機嫌さ、抗てんかん薬の副作用の可能性もある覚醒の水準の低下などが、意識や活動を不安定なものにしている。特に、ウエスト症候群の発症のころは、「ヒプスアリスミア（hypsarrhythmia）」という不規則な高振幅徐波と棘波（註1）から構成される脳波が現れ、発作に「シリーズ形成」（発作の反復）がみられることによって、子どもはいつも不快な状態であるように見える。その不快さを表現するようにからだの緊張は強まり、後弓反張のように体幹は反りかえってしまうこともある。また感覚、知覚に障害をもっているゆえに、外界に生起する事物・事象の実像と意味をとらえることは容易ではない。

　このような運動障害、感覚障害、意識状態によって、発達を診断するための手がかりとなる機能や能力の状態が見えにくいものになってしまうのである。

　しかし、重く広汎な障害はあったとしても、子どもは現下の運動と感覚の機能によって能動的に外界と向き合い、そうすることで知覚、認識、感情や情動、意欲や意志などの心理的機能を働かそうとする。そして、その心理的諸機能はさま

ざまに連関しつつ、発達的変化の過程を構成することになる。さらに、その心理的諸機能は、外界のみならず自らとも向き合い、自らが被っている疾病、障害、そしてその変化をもとらえているのである。私たちは、このように自己を含む対象世界と対峙する子どもの心理的諸機能のありようを見失ってはならないだろう。

　このように、疾病、障害、意識状態の背後に隠れてしまいそうな心理的諸機能とその発達の過程を見出すことが、障害の重い子どもの発達診断の重要な課題となる。特に、視覚や聴覚の刺激への反応や運動や手指の機能を診るときに、目に見える障害の特徴と、すぐには認識しにくい発達の特徴とを区別しつつ関連させて検討することが、大切な視点となる。

　発達診断を子ども理解の方法として包含する教育においても、この疾病・障害と発達を区別したうえで、その連関をとらえようとする視点は十分には意識化されてはいない。そのために、外界と対峙し、そこに働きかけようとする障害の重い子どもの心理のありようは、ブラックボックスのなかに入れられてしまっていると言ってもよい。いやむしろ、その過程をみることが困難であるゆえに、目に見えて観察可能な機能の状態、障害への認識をもって、子どもを理解することに終始していないか。

　本書では、発達診断という実践的な対象把握の方法を扱うが、そのためにまず、発達診断のための情報収集の一つである発達検査の方法について、その手技を中心に解説することからはじめたい。

　子どもの発達は働きかけてみなければ見えてこない。同義のことだが、子どもが外界と自己に働きかける状況や過程において、子どもの発達は目に見える形で現れ出る。このようにいうときに、発達検査、発達診断の実践のなかで見えるようになる「発達」とはいかなるものか。

　この発達とは何かを議論し、それを詳らかにしていくための方法としての発達診断の検討へと進む演繹的記述が本来の方向であろうが、本書では逆に、発達検査の手技、発達診断の視点の検討を通じて、何がどのように見えるのか、何を見落とさず何を読み取るべきかを検討していきたいと思う。筆者がもっぱ

ら発達診断という実践に関わり、そのなかで障害のある子どもの発達を検討してきたという理由によって、そして読者のみなさんに、自らの実践と対照しながら、障害の重い子どもの発達診断の視点を検討していただくためにという理由によって、この記述方法を選択することにした。なお、発達をいかに認識するかについての本書なりの小括は、終章（224〜236ページ）で行う。

　以下で述べる発達検査と発達診断の方法の多くは、田中昌人・田中杉恵によって考案され、『子どもの発達と診断1・乳児期前半』『子どもの発達と診断2・乳児期後半』『子どもの発達と診断3・幼児期Ⅰ』（写真・有田知行、大月書店）で方法と発達診断の視点が講じられているものである。また、田中らのもとで発達診断の方法を学んだ筆者らは、同窓の仲間によって、白石正久・白石恵理子編『教育と保育のための発達診断』（全障研出版部）を上梓した。これらが、本書の前提である。

　田中昌人らの「可逆操作の高次化における階層―段階理論」[註2]では、可逆操作の高次化に焦点を当てた場合、発達の「飛躍」と称される質的転換期は「階層間の移行」のときであり、障害がない場合の月齢・年齢で表現するならば、生後6、7か月頃に「回転可逆操作の階層」から「連結可逆操作の階層」への飛躍的移行が達成されるという。そして、1歳半頃に「連結可逆操作の階層」から「次元可逆操作の階層」への飛躍的移行が達成されるという。

　さらに、それぞれの階層には、「飛躍」のときを第1の発達段階として、順次に高次化していく3つの「段階」がある。特筆すべきは、その第2から第3の段階への移行において、階層間の飛躍のための「新しい発達の原動力」が生成するとされていることである。

　筆者が初期の研究において対象としていた子どもは、図1に示すような発達段階に分布していた。図1における「形成期」とは、それぞれの発達段階の質が芽生え始めてはいるが、さまざまな不安定性と未確定さをもっている段階のことである。この図によれば、発達に障害がある場合、「新しい発達の原動力」の生成する前段階とその形成期、つまり第2の発達段階であることを意味する「2」

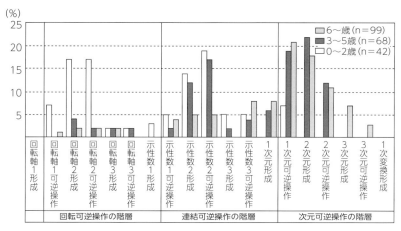

図1　筆者が臨床に携わった発達相談室来談児の発達段階の分布

のつく発達段階とその形成期に、多くの子どもが発達の困難を背負いつつ存在していることになる。これらの傾向は、機能障害と「発達の障害」が軽度とはいえない筆者の初期の臨床対象の特徴を明示するものであった。

　本書で「障害が重い」として対象とするのは、基本的には1歳半頃の「飛躍」のときである「1次元可逆操作」の獲得期までにある子どものこととしたい。しかし、機能障害が重いゆえに、それに覆い隠されるように発達が見えにくくなっている事例のなかに、障害がない場合の2歳後半から3歳前半に当たる「2次元形成期」の子どもが少なくないことを考慮して、以下では、その段階の解説を加えることにする。

2 ｜ 具体的な発達検査と発達診断

1. 乳児期前半である「回転可逆操作の階層」と発達診断

● 感覚や運動の協応を発達させつつ、外界を志向する「回転軸2形成期」および「回転軸2可逆操作期」

ウエスト症候群などの難治性てんかんを発症した事例の場合、ベースに脳性

マヒなどの運動障害があることとも関わって、聴覚と視覚の協応、視覚と手指操作（目と手）の協応にも制約が現れやすい。ここではこの二つの協応系を中心にして、発達検査と発達診断の方法と視点を述べる。

なお、協応とは別々の機能が目的のために協調、協同して働くことであり、coordinationと同義である。

● **全方位の追視と注視**（「左右と頭足の往復追視」（写真2））

仰臥位になった子どもの正中線（からだの中央を縦に貫く線）の胸上30cmの位置に、直径が10cmほどの赤い輪を提示し、ゆっくり移動させて、左右方向に50cmずつ、そして頭足方向に50cmずつの往復追視ができるかを確かめる。往復追視とは文字通り始点が終点にもなる可逆的な「行き―戻り」の完結する追視のことである。

難治性てんかんをもつ子どもの場合、このような動く対象を追視することよりも、胸上で静止した対象を注視し続けることのほうが困難である場合が多い。さらに追視もとぎれやすく、その傾向は左右のどちらかに優位に現れる。このような注視と追視の困難や左右の非対称が、障害による制約なのか発達段階の特徴なのかを見極めることは容易ではない。なぜならば、生後2か月頃の「回転軸2形成期」の子どもには、このような注視・追視の不安定さは共通してみられるのであり、その不安定さを克服して安定的に左右・頭足の両方向に往復追視ができるようになるのは、生後3か月頃の「回転軸2可逆操作」の獲得を待たねばならないからである。

このような追視・注視が不安定である子どもが、情動の表現でもある「ほほえみ」をあまりしない場合には、それらを総合して生後3か月頃の「回転軸2可逆操作」を獲得していないという発達診断がなされることもある。しかし、ウエスト症候群を発症して間もない段階であり、ACTH（Adreno Cortico Tropic Hormone、向副腎皮質ホルモン）療法中であったり、頻回な非定型欠神発作や複雑部分発作[注3]が見られる場合には、「ほほえみ」として表出されるべき「快」

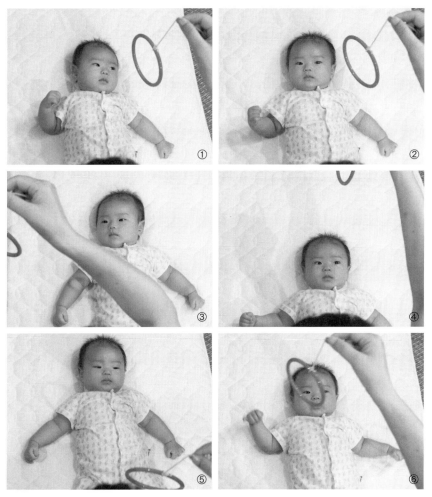

写真2 生後2か月。仰臥位での左右頭足の往復追視

①左方向への追視を開始するが…。
②カメラが目に入り、いったんは追視が途切れる。
③右方向への追視。
④頭方向への追視。
⑤足方向への追視。
⑥正面の正中線に戻ることができた。

生後2、3か月頃の追視の途切れやすさは、対象を捕捉する身体運動や眼球運動が発達途上であることが理由だが、注意の対象の転じやすさも関与している。

の情動そのものが制約されていることも多い。

　では、何をもって発達診断の根拠とするのか。

　たとえば、注視や追視がとぎれても、その位置で赤い輪を静止させて提示し続けるならば、とぎれた位置に戻って、もう一度対象をとらえようとすることがある。また、追視が左右非対称でも、一度目よりも二度目の試行の方が、持続時間や正中線を越えて追視しようとする反応が確かになることがある。ここには、過緊張・低緊張や不随意運動の関与、不安定な意識状態があっても、とぎれた活動を自ら修復するがごとく、活動を「つなげる」ことや、「もっと」頑張ろうとする能動性、志向性が観察される。逆にいえば、特にウエスト症候群などの難治性てんかんが急性期にあり、疾患が活動的であるときには、追視の切れやすさや復元しにくさ、あるいはしだいに反応が不確かになっていくような分散的な状況が観察されることが多い。

　さらに、注視や追視の反応のみにとらわれることなく、対象を提示したときに、あたかも「見つけた！」と表現しているような瞳や表情、手や足を中心に現れる自発的な活動など、情動の高まりや外界への志向性の現れを注意深く観察する必要がある。

● 視覚と聴覚（目と耳）の協応（「鐘鳴の音源探索」（写真3））

　「つなげる」力や対象への能動性、志向性は、視覚と聴覚の協応にも現れる。

　仰臥位の子どもの耳元で鳴らした鐘などの音源を、視線でとらえようとする力があるかを、左右差に注意して確認する。

　生後2か月頃の発達段階である「回転軸2形成期」では、聴覚の反応が視覚の反応に先行する。ウエスト症候群の子どもの場合には、さらに顕著に聴覚のみで反応し、音源を視覚でとらえようとするような協応に発展しにくい。聴覚優位の傾向に対して、教育が聴覚ばかりに働きかけることで、いっそう協応の難しさが固定化することもある。

　しかし、そのような傾向がすでに顕在化していても、光源を見つめることが

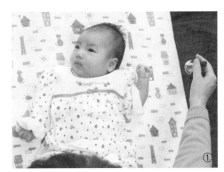
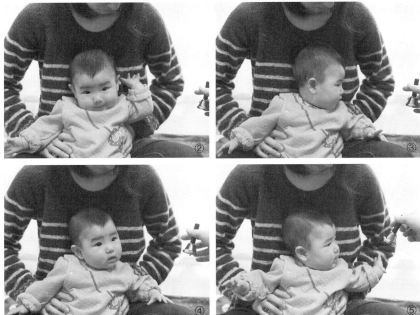

写真3 生後2か月と4か月の鐘鳴反応

①生後2か月。表情や仕草から鐘の音は聴こえているようである。しかし、音源をとらえることはできないが、眼球は探索的に動く。
②生後4か月。この段階では、カメラに注意を集中している。
③すぐに音源を見つける。左の手指に、鐘への志向性が表現されている。
④鐘と検査者のつながりは認知しているようであり、検査者の顔に何ごとかを探ろうとする。
⑤鐘に向けて左手でリーチングをしようとする。
生後4か月頃になると、聴覚と視覚と手指操作の協応が確かになり、対象を自分のものにするための活動が始まる。また、対象と他者との関係をとらえて、対象に特別の意味を見出すようになる。

あるならば、子どもは日常において聴覚のみで外界を探索しているわけではない。どの程度、どのように見えているかも大切なことだが、それ以上に「見ようとしている」という意志のありようを評価したい。

発達診断では、まず聴覚への働きかけを行いつつ、そこに端緒的ではあっても「見ようとする」視覚の能動性が結びつきはじめているかを確認する。たとえば、聴覚優位が顕著な初期の段階では、子どもが心地よく感じている音を選び、耳元で鳴らしながらゆっくりと待つ。そうすると、眼球が動き、頸部の運動もともなって、対象を見つけようとする活動が惹起される。そのような能動性の発揚がみられたならば、ゆっくりと子どもの視野の中心に音源を移動させてみるとよい。そこに、「見つけた」というような持続的な注視や子どもの表情の変化がみられることもある。

このような聴覚と視覚の協応が確認されたら、音源の対象が今度は音を発しないで正中線近くの眼前に現れた時に、子どもがそれを見つけようとするかを確かめる。視覚でとらえようとする力があるのに、聴覚刺激から提示するような働きかけをすると、見つけようとはせずに音に対して笑顔で応じるような、反射的な反応になってしまうこともある。

つまり、聴覚のみでなく視覚を協応させて探索しようとする活動には、「目で見て確かめようとする」、つまり対象を捕捉する能動性が関与しているのである。さらに、その「見ようとする」活動は、眼球や頸などの随意運動をともなうゆえに、子どもの能動性を高めずにはおかない。そして、「見つけられた」というこの時期なりの達成感をフィードバックするようにして、子どもの能動性はいっそう確かになっていく。

● **視覚と手指操作（目と手）の協応**
　（「**ガラガラへの到達活動（リーチング）**」（写真4））

仰臥位の子どもの正中線胸上30cmくらいに赤いガラガラを提示して、視覚と聴覚の協応で述べた方法と同様に、はじめは静かに無音で、そしてしだいに音

を鳴らしながら、視覚で捕捉した対象に対して、手指が活動を開始するかを観察する。

「回転軸2形成期」である生後2か月頃では、まだガラガラをつかもうとするような手指の随意的な活動はみられないが、手や足を動かしてあたかもガラガラに接近しようとするような動きが見られるだろう。そこにある能動性の確かさ

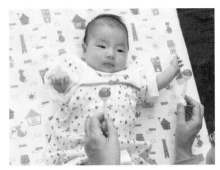

写真4　生後2か月のガラガラの反応
注視しつつ、手を動かす。手の動きには対象への志向性が表現されているが、リーチングにはならない

は、ガラガラを常に見続けていることによって確認することができる。その活動はしだいに力強さを増していくだろうか。ゆっくりと時間をかけて子どもと関わるならば、親指が少し開き始め、指にもガラガラを志向するような動きが見られるようになるかもしれない。

ウエスト症候群などの難治性てんかんと痙直性などの脳性マヒ(註4)を併せもっている子どもは、親指が内屈し固く閉じられたままになっていることが多い。それゆえに私たちは、指を他動的に開いてガラガラを握らせようとするような働きかけをすることもある。そうすると、まるで「手が逃げる」ように手を引いてしまったり、握り返すことなくガラガラが手から離れてしまうことも多い。このような無遠慮とも言うべき大人の働きかけによって、子どもは掌の触感覚の過敏性を高め、不快さゆえに回避的な動きをとらざるを得ないことがある。

発達の過程においてみられる価値ある事実は、すべて子どもの能動性をともなって展開をはじめる。日常は固く閉じられたままの手指であっても、ガラガラなどの対象を見続けながら、まるで障害に立ち向かうが如く動きはじめることはないだろうか。その能動性の発露が確認できたときに、手にガラガラを近づけてみる。そのとき指先や掌にガラガラが触れても、「手が逃げる」動きにはならないものである。

● 視覚遮断への反応および「抵抗」を加えたときの反応
（「ハンカチテスト」など（写真5））

　仰臥位の子どもと向きあい、呼名して視線を合わせてから、顔にゆっくりと優しくハンカチをかけてみる。このような視覚遮断に対して、それを取り除こうとするような躯幹、四肢、手指の動きがみられるかを確かめる。この「ハンカチテスト」は、顔にかかった不快なもの、そして視覚を妨害するものを自ら除去しようとして、躯幹、四肢、手指が協応して外界に能動的に働きかけるようになっているか、さらには、その能動性が「ますます」強まるようなエネルギーをもって

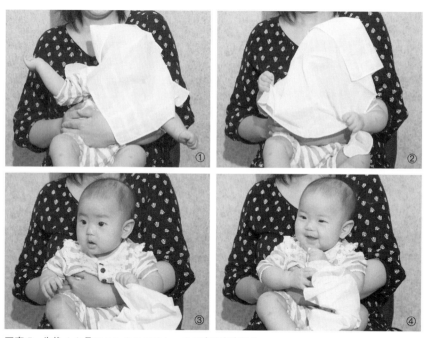

写真5　生後4か月のハンカチテストへの反応（支座位）
①ハンカチを顔にかけると、最初は驚いたように動きがとまる。
②すぐに、取り除くために、手指がハンカチをつかもうとする。
③自分の手でハンカチを取り除けたが、状況がわからないようで、驚いたような顔になる。
④しかし、すぐに検査者を認めて微笑みかける。
ハンカチをかけられる→ハンカチを取り除く→検査者の笑顔に出会うという因果関係をとらえはじめている。

いるかを確認するためのものである。手指の動きだけではなく、躯幹、頸、手足の動きに現れる情動の表現を見落とさないようにする。

このようにあえて負荷を与えて、大切な力の芽生えやその確かさを診断することは、「抵抗」を与える方法として田中昌人らによって考案された。

写真6　生後4か月の拇指の開き

たとえば、以下のような方法がある。

＊「拇指の開き」（写真6）

　　第Ⅱ指からⅤ指を他動的に開いたときのⅠ指（拇指）の自由度の確認。

＊「寝返り」（写真7）

　　仰臥位の子どもの足を持ち、他動的に伏臥位への寝返りを誘発。

＊「支座位での追視やリーチングなどの視覚と手指操作（目と手）の協応系の反応」（写真8・9）

　　支座位でいる子どもの正面からガラガラなどで働きかけ、追視や手の到達行動（リーチング）を確認する。

これらはいずれも、田中昌人・田中杉恵の『子どもの発達と診断1』（大月書

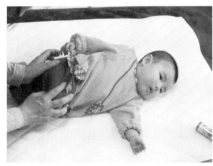

写真7　生後4か月の支え寝返りへの挑戦

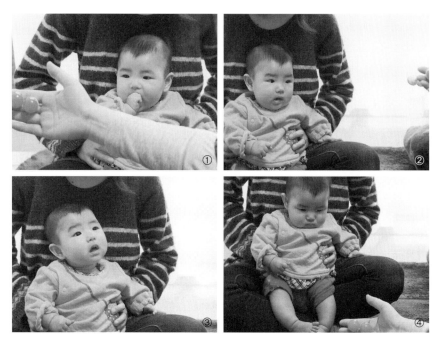

写真8　生後4か月の支座位での往復追視
①右方向への追視。
②左方向への追視。
③上方向への追視。
④下方向への追視。
支座位という負荷があっても、すべての方向に往復追視することができる。

店）で、発達検査の方法や発達診断の視点が講じられている。特に支座位等をとらせることで姿勢への抵抗を与えることによって、いっそう発達の力が顕著になるかどうかを、田中らは生後6、7か月頃の発達の「飛躍」を達成するための4か月頃の「生後第1の新しい発達の原動力」の発生を診断する「発達的抵抗」の方法として提案している。なかでも、支座位にすることによって、追視や手のリーチングなどの視覚と手指操作（目と手）の協応系の能動性が高まり、自ら他者を人として認知したうえでほほえみかける「人知り初めしほほえみ」[註5]（写真10）を確かめることができれば、この発達の原動力は芽生えはじめている

写真9　生後4か月のガラガラの引き戻し
①②検査者の手が何をしようとしているのかという意味はわからない。
③取られてしまったガラガラを追視する。
④取られてしまったという事態がわかって、不機嫌になったり、検査者に訴えようとする。
取られてしまっても、そこで注意が途切れずに追視したり、ガラガラを奪っていった検査者に何ごとかを訴えようとする。このような因果関係がわかり始めている。

と診られる。

　しかし、頸定が困難な弛緩性の脳性マヒ、過緊張状態をコントロールしにくい痙直性の脳性マヒなどがある場合、支座位をとらせることによって反応が不確かになったり、過緊張ゆえに分散的になることが多い。この不確かさをもって、「生後第1の新しい発達の原動力」の発生が困難であるとは即断できない。重度の運動障害をもっている子どもの場合には、その障害ゆえに、活動の遂行において相当の負荷をもっていることに留意しなければならない。

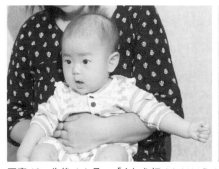 

写真10　生後4か月の「人知り初めしほほえみ」

● 「不確かさのなかにある確かさ」を確認する

　以上で述べてきたように、機能障害、運動障害が重く、難治性てんかんが活動期にある子どもは、障害のない子どもの発達過程で確認される「日を追うごとに確かになる」ような発達の事実を確認することは容易ではない。特に左右、頭足の両方向への往復追視、音源の探索において確認できる聴覚と視覚の協応、対象へのリーチングにおいて確認できる視覚と手指操作（目と手）の協応などでは、途切れやすく、協応しにくい状況が顕著にみられる。しかし、その未熟さをもって、生後3か月頃の「回転軸2可逆操作」の獲得が困難であるとするような発達診断を行うことには慎重でなければならない。その現象的な未熟さの背後にある、より本質的な力を見出すことが求められるのである。

　その力は、以下のようにまとめられる。活動が「途切れる」ように中断することがあったとしても、再び活動を「つなげる」ように対象を志向する反応がみられるか、左右差などの減縮する傾向がみられるか、それらの改善が時間の経過とともにより確かになっているか、子どもの能動性を導き出そうとするような「間」のとり方や教材の工夫があれば、さまざまな協応の兆しがみられるか。

　このような機能障害、運動障害に立ち向かっているような能動性の表れは、障害がない場合には生後2か月から3か月にかけて獲得していく発達の力、つまり「回転軸2形成期」から「回転軸2可逆操作期」にいたる経過のなかで獲

得されていく諸力である。そして、この諸力は、生後4か月頃の「回転軸3形成期」の「生後第1の新しい発達の原動力」の発生の基盤となる力でもある。

　さて、子どもの能動性を導き出そうとするような「間」とはなにか。眼球、瞬き、頸、手足、手指などにみられる小さな動き、表情の変化などの一つひとつを、すべて意味ある表現として受けとめようとし、その子どもの努力を応援しながら待つ時間と人間関係のことである。発声やほほえみなどのはっきりした応答があるわけではないが、大人が子どもの「小さな動き」を意味ある表現として受けとめられるようになると、子どもの動きは確かさを増していく。このような時間と人間関係の「間」において、子どもの当初の一見した未熟さは本質的な発達の力強さへと転化するようになる。

● **対象への能動性、志向性を内包した自由度の高い対称位を獲得していく過程**（写真11）

　筆者は、ウエスト症候群へのACTH療法のために入院していた子どもの発達経過をまとめたことがある。このことは、第Ⅱ部第3章「生後4か月頃の『生後第1の新しい発達の原動力』の発生における『発達の障害』—ウエスト症候群（点頭てんかん）・結節性硬化症」で検討することになる。

　子どもは主として乳幼児期であり、入院期間は2〜3か月間であった。はじめは対称的な仰臥位をとることができなくても、入院期間中に対称位の獲得へと発達的変化をみせた子どもは、音源を目でとらえようとする聴覚と視覚の協応、ガラガラを自らつかもうとする視覚と手指操作（目と手）の協応などで確実な発達的変化を示した。そればかりではなく、母親の声に顔を向けようとしたり、鏡の自分の像にほほえみかけたり、「イナイ・イナイ・バー」に笑顔で応えるような、対人関係における感情の分化と情動の高まりにも変化がみられた。また、対称位の獲得にいたらなくても、正中線を越えて反対側にある対象を志向しようとするような変化のみられた子どもにも、同じような変化を見出すことができた。この「正中線を越えようとする」反応に着目したい。

ところが、ACTH療法開始前から対称位をとれた子どものなかに、モノや人への能動性、志向性の高まりが観察されにくい事例が見出された。

　ウエスト症候群の発症は、ヒプスアリスミアという不規則な脳波や点頭発作のシリーズ形成とともに、不機嫌や過緊張などを引き起こす。子どもはその不快さゆえに、快の刺激を分化してとらえ、それを志向しようとする情動を減退させてしまう。この状態からは、マヒによる筋緊張の左右差も加わった非対称位を克服していく力は生まれにくい。このような多くの患児において、ACTH療法は、脳波の改善、発作の減少などの顕著な効果をみせはじめ、やがて不快な反応を軽減していく。その過程で、母親の声のする方を頸と体幹の運動によってとらえようとするような能動性、志向性が高まる。そして、その能動性、志向性が、おもちゃを視覚や聴覚、そして視覚と手指操作（目と手）の協応によって捕捉しようとする活動のエネルギーにもなっていく。つまり快をとらえる情動の高まりが、姿勢の非対称やさまざまな協応の不確実さや左右差を克服することにつながるのである。つまり発達的に意味があるのは、ある時点で形態的に対称位を獲得していることではなく、視覚、聴覚の協応や視覚と手指操作（目と手）の協応、対人関係における感情の分化と情動の高まりが連関し、対象への能動性、志向性を内包した自由度の高い対称位を獲得していく過程が存在することである。

　一方、治療前から形態的な対称位を獲得していながら、発達的な改善がみられにくい事例は、急性脳症などによる中途退行の経過をもち、対称位が「形」として残った様相を呈していることが多い。このような事例では、多くの場合に、「快」を形成し、かつさまざまな対象に対してその感情と情動が分化しつつ拡大していくことに困難がみられる。ゆえに、人の声を快いものと感じて、その人の顔を確かめようとするような聴覚と視覚の協応も制約されているようである。いわば、形骸化した対称位ということができる。

　37ページの図1において、「回転軸2形成期」「回転軸2可逆操作期」にあり、発達の変化に時間を要している子どもは、この形骸化を含めて、対象への能動

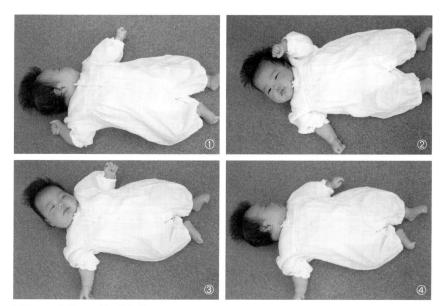

写真11　生後2か月の仰臥位
①母親がいる方向に顔を向けている。その方向の手足が伸展する非対称性緊張性頸反射 (ATNR) が現れている。
②カメラマンの存在に気づいて一生懸命に反対側を向こうとする。
③④やはり、母親のいる方を向いて、母親を見つけようとする。
カメラのような新奇な対象に注意が転じることは多いが、母親のような快と結びついた対象には、持続的に注意を集中する。この「人を求めてやまない心」が姿勢の非対称を克服していくための駆動力になる。

性、志向性を内包した自由度の高い対称位を獲得していく過程への導入に困難のある事例である。彼らには、持続するてんかん発作や脳波異常への治療、過緊張状態を軽減していくための姿勢や運動の改善などを基盤として、聴覚、視覚、味覚、触覚、平衡感覚などの諸感覚が、快を分化してとらえられるような教育的働きかけがなされる必要がある。その教育によって、快の刺激を複合的にもった心地好い存在として人が感じられるようになると、子どもは再び形骸化した対称位に、外界への能動性、志向性をともなわせることができる。

追跡的な検討によって、ACTH療法中に「快」をとらえる情動の高まりが、

姿勢の非対称やさまざまな協応の不確実さや左右差を克服することにつながっていった事例は、生後6、7か月頃の発達の飛躍である「回転可逆操作の階層」から「連結可逆操作の階層」への移行を達成していくことが多い。つまり、機能障害の重い子どもの場合も、視覚、聴覚の協応や視覚と手指操作（目と手）の協応、対人関係における感情の分化と情動の高まりが連関し、対象への能動性、志向性を内包した自由度の高い対称位を獲得していく過程において「生後第1の新しい発達の原動力」を発生させ、飛躍への準備を開始するのである。

● 「回転軸3形成期」における「生後第1の発達の原動力」の発生と「可逆対操作」（初期の「可逆対追視」（写真12））

このような対象への能動性、志向性を内包した自由度の高い対称位を獲得していく過程において、田中昌人・田中杉恵による「可逆対操作」の獲得の状況を確認する。

ここで検討の対象としているのは、対象を注視し続けたり追視し続けるような安定的な活動が、脳性マヒや感覚障害によって制約されている子どもである。そのような障害はあっても、本質的な発達的力量に焦点をあてて働きかけるならば、障害のない子どもと同質の確かさをみせてくれるかどうかを検討してみたい。

支座位または仰臥位で、子どもの胸前の正中線付近でガラガラや赤い積木を音を立てて打ち合わせてから、左右にゆっくりと50cm間隔になるように開く。その一つひとつを追視することではなく、左右に移動した二つ（「対」）を発見できるかを確認する。一方を発見したが、他方へと視線が向かわない場合は、しばらく静止して子どもの動きを確認する。3回にわたって同じように行う。子どもが一方しか発見しない場合は、他方の音を鳴らすなどして強調してみる。繰り返すなかで、一方だけではなく「もう一方」を発見することができるか、その発見がしだいに確かになっているかを確認する。ガラガラや積木ではなく、子どもの興味を誘発できるようなおもちゃ、あるいは二人の大人が並んで子どもに接近してみてもよい。このとき、提示した対象を見つけた後で、それを手

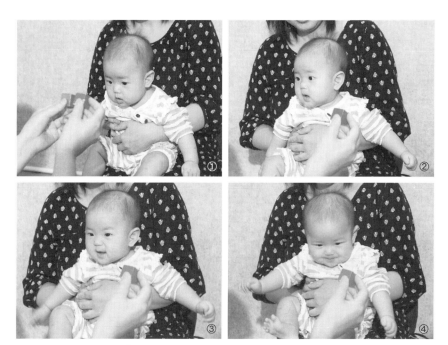

写真12　生後4か月の「対追視」課題
①正面で打ち合わせられた積木を注視する。
②まず、左の積木を見つける。
③すぐに、積木を持つ検査者とアイコンタクトする。
④つづいて、左の積木を見つける。
ふたつの積木が「対」であることをとらえて、それを何度も見比べるような「可逆対追視」には至らないが、相手との交流を介して、「もう一つ」の積木にも注意が向かう。このように「モノ―人―モノ」というつながりができ始めている。

にしている大人にも視線を向けてくるような反応が大切である。つまり、「対」の一方に子どもにとって意味のある人の存在をとらえているかを確認したい。

　この「可逆対操作」の一つとしての「可逆対追視」は、生後4か月頃の「回転軸3形成期」に獲得されはじめる。一方を認めたうえで他方にも能動性、志向性を発揮する姿である。乳児期の後半である「連結可逆操作の階層」への移行において、大きな意味をもつことになる。

2. 乳児期後半である「連結可逆操作の階層」と発達診断

　乳児期前半である「回転可逆操作の階層」においては、対象を視覚、聴覚などの感覚や頸、手指、足の運動によって捕捉しようとする能動性、志向性が、諸感覚や諸機能を協応させつつ、一方ばかりではない他方への対称性をもって発揮されていった。
　乳児期後半である「連結可逆操作の階層」においては、その志向性によって捕捉された対象に、どのような意味を見出そうとしているのかが問われることになる。

● **可逆対操作**（「可逆対追視」「可逆対把握」（写真13・14））
　生後6、7か月頃の発達の質的転換を達成するときには、田中昌人・田中杉恵の見出した「可逆対操作」の一つである「可逆対追視」（簡単に言えば、見比べ）「可逆対把握」（持ちかえ）の獲得状況を把握することが大切な視点になる。生後4か月頃に発生する「生後第1の新しい発達の原動力」がどのように発展し、かつ質的転換期においてどのような質をもち始めるのかを確認することでもある。
　先述のように、基本的な手技は胸前の正中線付近に提示した二つ（「対」）のガラガラや積木を左右にゆっくりと50cm間隔になるように移動させる。発達の質的転換の状況を診断するには、提示する対象を小鈴と瓶、「イチゴ」や「ミカン」などの具体物の模造品など、左右が異なり子どもの興味を高めるものにしてもよい。その際、机上の標準点[註6]付近に左右の位置関係を変えて何度か提示してみる。
　まず、二つ（「対」）の対象を視野に入れて「見比べ」をするかを確認し、さらに、どちらの対象に対して手を伸ばして把握するかを観察する。そこには、選択的志向性というべき子どもなりの判断が観察される。選択した対象をまじまじと見つめ、さらに口に入れて感覚を確認し、再び注視してから他方の手に「持ちかえ」たりするだろう。「持ちかえ」を行いつつ、たとえば瓶の口と底を交互に

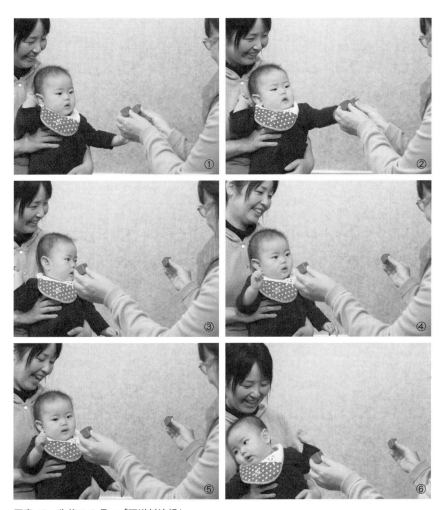

写真13　生後6か月の「可逆対追視」
①正面で打合せられた積木に、すぐに手が動く。
②待ち切れずに、左手でつかみ取りたい。
③積木が左右に開いたので、まず左を見る。
④検査者とアイコンタクトし、何ごとかを探り、何ごとかを伝えようとする。
⑤右の積木に視線を転じ、右手でつかもうとするが、
⑥欲しいのに渡してもらえないので、怒りはじめる。
積木とそれを提示している検査者という因果関係は認識できるようになっている。提示されたものはみな素敵に見え、とりあえずつかみたいという要求をもつようになる。そのときに、「対」を見比べて、いっそう対象への要求を高めていく。

見つめるような視覚による一面的ではない吟味を行ったりする。

　また、こういった活動を行いつつ、二つ（「対」）の対象を提示した正面にいる他者に対して、対象へ手を伸ばすとき、把握するとき、持ちかえるときなどに視線を向けてくる。そのとき他者は、多くの場合、「上手にとれたねぇ」などと支持し励ますような言葉かけを行うだろう。そういった他者との関係を契機にして、子どもは次の活動を展開させていく。

　つまり視覚と手指操作（目と手）の協応系の活動によって、対象を「一方」と「もう一方」、「表」と「裏」（子どもが表と裏という意味を認識しているわけではないが）というように一面的ではない関係として認識していくための基本的な「可逆操作」が獲得され始めているのである。さらに、それらの操作は、他者をも「対」の一方に位置づけ、他者からの激励や意味づけを要求しつつ、さらに展開していく。この他者との関係の形成が、「可逆対操作」の獲得においては、重要な意味をもっている。

　さらに、「一方」を持ちかえつつ吟味し、「もう一方」の存在を認めて、そちらにも手を伸ばそうとする。対象への能動性、志向性が、見比べて「一方」に手を伸ばすような選択性を内包し、さらに「一方」を手にするだけではなく、「もう一方」にも手を伸ばすような「欲張り」な能動性にも発展していくものなのである。それを確保するために他方の手を伸ばして把握すると、今把握しているものが手から放れてしまう。「もう一方」を確保することはできたが、最初に把握したものが手から放れてしまったのがわかって、それを把握しなおそうとする。そうすると、今手にしているものが放れてしまう。子どもはイライラしだすかもしれない。こういった子どもの能動性、志向性の高まりによる要求と現実の操作のレベルの矛盾は、対象への能動性、志向性の高まりが十分なものであるならば、必然的に「一つ」だけではない「もう一つ」とも接点をもって、生後9か月頃の外界との二つの結び目を操作する「示性数2可逆操作」の獲得へと進む前提になる。

　「可逆対追視」「可逆対把握」は、難治性てんかんをもっている子どもの場合、

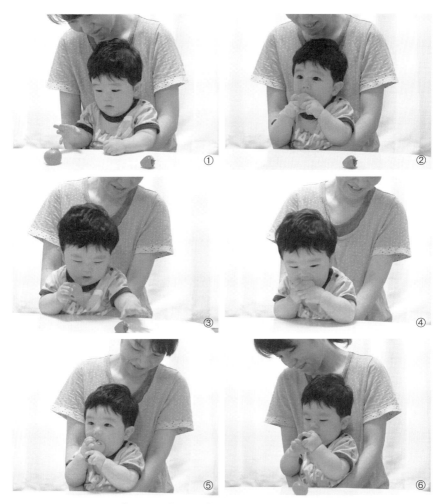

写真14 生後8か月の「対」の対象への選択

①正面の「ミカン」と「イチゴ」を見比べた後で、「ミカン」を選択してリーチングする。
②「ミカン」を両手でつかんで口に入れるが、そのとき検査者とアイコンタクトする。口に入れるだけではないことが大切。「モノ―人」という二つの結節点がつくられている。
③そうしているうちに、「イチゴ」が視線に入り、リーチングする。
④しかし、いったん手を引き、「イチゴ」を注視しつつ、両手で「ミカン」を口に入れる。
⑤もう一度「イチゴ」にリーチングし、つかむことができた。
⑥口に入れていた「ミカン」を手放し、両手で「イチゴ」を持って、口に入れる。

この時期、口は「第3の手」であり、手の操作に対して補助的な役割を担っている。「可逆対追視」が選択へとつながり、さらに「一つ」だけではない「もう一つ」をも志向することへとつながっている。生後8か月頃においては、「一つ」だけではない「もう一つ」の結節点を外界と結ぶことができ始めており、その一つに常に人を位置づけることができるようになっている。

第1章 発達検査と発達診断の基本的な方法　57

不安定であり変動しやすい傾向がある。なかでも非定型欠神発作という、はじまりと終わりのはっきりしない比較的長い意識消失をともなう発作や意識消失をともなう部分発作である複雑部分発作がたびたび起こり長く続くようになると、一度は獲得していた「可逆対追視」をしなくなったり、手を伸ばして対象を把握したとしても、持ちかえをせず、一方の手で音を鳴らし続けるような活動状況になることがある。「一方」のみならず「もう一方」へという能動性、志向性、そして選択性が減退しているのである（この傾向については、第Ⅱ部第3章3の「結節性硬化症を基礎疾患とする難治性てんかんの子どもの乳児期後半の発達段階（『連結可逆操作の階層』）への質的転換における『発達の障害』」を参照）。

　生後6、7か月頃の発達の質的転換期において、「対」の対象への「見比べ」や「持ちかえ」、そして「もう一つ」への「欲張り」な能動性、志向性、選択性が高まりにくいと、次のような傾向が現れやすい。①外界のさまざまな対象に対する活動が、一つの接点で完結してしまい、その対象を口に入れたり、回転させたりするような「常同行動」を顕在化させていくことが多い、②そういった「常同行動」の顕在化は、激励や意味づけを求める他者を必要とせず、対象への活動を共感・共有し合うような人間関係の形成へとつながりにくい、③以上のような経過をもちつつ、やがてつかんだ対象を手から放すことができるようになったときに、手に持ったものを正中線で合わせたり、器に入れたり、相手に渡したりするような、二つ（「対」）を合わせる活動（定位的活動）が獲得されにくくなる。

● **定位的活動**（「合わせる」「入れる」「渡す」）

　生後9か月頃の「示性数2可逆操作」が獲得されると、手に持った積木を正中線で合わせたり、打ち合わせる活動をするようになる。「チョチ・チョチ」遊びである。この外界との二つの結び目をもった活動が展開するようになると、正面の他者との視線や表情による交流がなされるようになっていく。両手の積

木を打ち合わせてから、相手と視線を合わせ、相手の反応を確認する。そこには、3つ目の結び目である他者との関係が形成されていく。子どもは、この3つ目の結び目によって、他者の意図、意味づけを看取するようになっていく。

　それを次のような課題で確認する。子どもの正面の机上の標準点に第1の積木、さらに第2の積木を提示し、それへの手の到達や把握の仕方を観察する。その際、それぞれの積木への到達や把握だけではなく、提示した検査者との視線の交流や共感の状況を観察する。さらに、検査者も二つ（「対」）の積木を持ち、自らの正面で「打ち合わせ」（**写真15**）（「チョチ・チョチ」）のモデルを楽しそうに提示してみる。

　このとき、一つだけではない「もう一つ」の積木への志向があるか、さらにその志向への支持や激励を求めるような他者との視線の交流がみられるかを、まず確認したい。そして、「チョチ・チョチ」のモデルに対して魅入るようなまなざしになり、検査者の顔と手の積木を交互に見ながら、自分の手の積木を打ち合わせようとするかを確認する。このとき、他者の提示したモデルには他者の意図が潜在していることを感じ取り、それに応えることへの不安が表れることもあるが、母親などの特別な存在（これを「第二者」という）に応援され、模倣をはじめるだろう。検査者は「第二者」に対して「第三者」と表現される存在であり、そこに区別的認識が成立している。この区別的認識が、この段階での人見知りなどの不安感情の原因となる（白石、1994、2011）。

　さらに、「ちょうだい」と言いつつ子どもの手にしている積木に手を伸ばしてみる。検査者の手に自らの積木を合わせようとするが、「ちょうだい」の意味を理解しているわけではない。はじめは「第三者」の意図に相対することへの不安もあって子どもは戸惑いや躊躇を見せるが、検査者が「ありがとう」と言いつつ積木を手に受け取ると、意味理解ができたことへの安堵の表情を見せつつ、「第三者」に「渡す」ことができるようになっていく。これらを契機として、生活の場においては、手にしたおもちゃや食べ物などを子どもから自発的に他者に差し出す活動が増えていく。子どもが活動の意味を認識し、「第三者」も含む

他者とそれを共有するようになるのである。このように、他者が特定の存在に留まるのではなく、普遍化していく過程が、言語の意味を理解することによって成り立つコミュニケーションの基盤になる。

以上のように「第二者を支えに第三者を共有する」段階から、「第三者との共有」が成立しはじめる段階へと進む。白石は、この時期に子どもが自発的に第三者に対して、差し出したり渡したりすること、さらに発見した事物・事象を指さしで第三者に伝えようとすることなどに、子どもが人間関係を主導しようとする特徴をとらえて、「主客の転倒」とした。このように人間関係における主導性をもって「第三者との共有」が成立しはじめるところに、1歳半の発達の質的転換を達成するための「生後第2の新しい発達の原動力」の発生の特徴を見ることができる。

このような「第二」「第三」のモノや人への能動性、志向性、選択性が制約される場合、ものを手から放すことができるようになっても、手に持ったものを相手の手や器に「合わせる」操作が獲得されない。その結果として、手に持ったものを無目的に放るような行動が常同化することもある。

この他者との接点を形成できないと、活動に目的を与えることになる意味づけのプロセスや他者の心のなかにある感情、意図を認識していくプロセスへと進みにくくなってしまう。このような傾向は、自閉的傾向をもつ難治性てんかん、自閉症スペクトラム、あるいは「発達の障害」が相対的に重いダウン症の子どもなどに、顕著にみられることがある。

● **対象との「間」の調節（「瓶と小鈴」（写真16・17））**

「第三者との共有」が成立を始める生後10か月頃の「示性数3形成期」は、器の中から積木などを「出す」ばかりであった子どもが、手にした積木を器の中に「入れる」ことへと転換していく段階である。これは、器と中身を区別して認識したうえで、そこに相互の関係を創っていこうとする創造的活動の開始でもある。この区別の認識は、器の中にあるものをまじまじと見つめる姿となり、

写真 15　生後 10 か月。積木の打合せ
①検査者の提示した積木の打合せのモデルに、気持ちが引きつけられる。このときは、自分の手は動かない。
②「わたしはどうしたらいいの」とうかがうように、検査者とアイコンタクトする。
③不安げに両手の積木を合わせてみる。
④再び検査者のモデルを見つめる。先ほどよりも、表情には楽しそうな気持ちの動きが見える。
⑤母親を振り返り、励まされた。
⑥ついに、自分から積木の打合せをしてみせた。
生後 10 か月頃は、両手に積木をもったままで、第 3 の結節点を他者（「第三者」）と結ぶことができ始める。このとき、ちょっとしてみせて相手の反応をうかがったり、母親（「第二者」）の励ましを求めたりする。自分から相手にしてみせるまでには、気持ちを整えるための「間」を十分に必要としている。

探索が開始される時期と言ってよい。

　積木などによる「可逆対追視」の確認と同様に、机上の標準点に小鈴と瓶を並べて提示してみる。生後6、7か月頃の「示性数1可逆操作期」では、見比べたうえで、瓶に手を伸ばすことが多いだろう。これは、より大きいものへの志向性が高いということだが、必ずしも小鈴への興味が低いということではない。小鈴に惹きつけられるようなまなざしを見せることも多いが、子どもはその大きさが自分の手指の把握機能では対応できないことを感知しているようにも見える。

　「示性数3形成期」においては、小鈴への選択性が確かになる。光輝く小さいモノへの好奇心をもって人差し指で小鈴を突くように接近し、拇指と人差し指の尖端でつまむようにして「ピンチ把握」ができる。左右の位置を変えて提示し、どちらの手でも小鈴のピンチ把握ができることを確認する。

　そのうえで、子どもの眼前で瓶に小鈴を入れて見せてから、机上の標準点に提示してみる。子どもは瓶の中にある鈴に対して人差し指を接近させてくる。まだ対象との距離は生じていないが、やがて「指さし」に発展していく人差し指の機能が備わってきている。小鈴が単独で存在するよりも瓶と鈴のように「対」の状態で、あるいは瓶に入れられた鈴のように入れ物と中身の状態で提示されたときに、より志向性が高まり、しっかりと見つめるようになる。そこには、好奇心のある探索を見ることができる。

　この時期、まだ多くの子どもはつかんだ対象を口に入れてその感触を確認しようとするが、そうしつつも口から出して、まじまじと見つめるような「間」[註7]をもった対象との関係が形成されはじめていく。この対象との距離的（物理的）な「間」は、同時に対象を人差し指の先で触れ、その対象の反応を確かめることによって、対象との心理的な「間」の取り方を確認しているようだ。その対象が安心できるものであることを知って、子どもは対象との「間」を縮めて、その形状に応じた把握をするようになっていく。言い換えれば、「可逆対操作」などによって、対象の違いを認識できるようになっているゆえに、新奇な対象への不安感情が生まれるときではあるが、対象との心理的な「間」を調整しつつ、

写真16　生後7か月。瓶と小鈴の「対」提示

①見比べたうえで、まず鈴に魅入らされたような眼差しで、指を伸ばして左手で接近する。
②ふと、右にある瓶に視線を転じる。
③検査者に何ごとかを尋ねるようにアイコンタクトする。
④視線は、再び鈴に向かうが、右手は瓶に伸びている。
⑤結局そのまま瓶をつかんで、瓶の口と底をそれぞれ見る。
⑥右手に瓶を持ったまま、鈴に視線を向け、左手を伸ばす。

生後7か月頃は、可逆対追視をしたうえで、どちらかに選択的に志向する。本児は、鈴が気に入ったようだが、手は瓶に伸びてしまう。その瓶を探索した後で、鈴を諦めることなく、リーチングしようとする。選択したのは小鈴であるが、それを掴むことは容易ではないことをわかっているようだ。

第1章　発達検査と発達診断の基本的な方法　63

自らのなかに取り込むことができはじめているのである。このような対象との心理的な「間」の調整は、不安感情を支えるべき「第二者」との関係があることによって可能になる。それは、「第三者」の意図と相対していくときに、「第二者」の承認や支持が必要であることと同様のことである。

図1（37ページ）で示したように、「発達の障害」の重い子どもは、この「生後第2の新しい発達の原動力」の発生の前段階である生後8か月頃の「示性数2形成期」、生後9か月頃の「示性数2可逆操作期」において長期に発達がとどまることが少なくない。これは、幼児期の発達の階層である「次元可逆操作の階層」への質的転換のための「生後第2の新しい発達の原動力」の発生の困難によって生じている発達の「変わりにくさ」の現象であると推察される。

このような「発達の障害」のある子どもの場合、いくつかの傾向を指摘することができる。①手にしたものを口に入れ、それを噛むような行動が長く続くことがある、②二つ（「対」）の対象を頻回に見比べて相互の違いや関係を観察するような、視覚による吟味がほとんどみられない、③興味の対象が限られ、それのみを常同的に操作するような行動が長く続く。

一人の子どもにおいて、これらがすべてみられるわけではないが、同根の傾向として理解することもできよう。つまり、二つ（「対」）の対象に対しての「見比べ」や左右の手の間での「持ちかえ」に代表される「可逆対操作」が獲得されにくいと、対象を区別したり、相互の関係や表裏の関係を結びつけて認識することが難しくなる。そのために、関心をもち対象をまじまじと見つめるような探索の要求が生まれにくく、対象との物理的かつ心理的な「間」を形成し調整する過程が必然とはならない。人間関係においても、「第二者」と「第三者」を区別して認識し、「第二者」を心理的支えとして「第三者」や新奇な対象に対して不安と好奇心を併せもって視線や手を向けるような、不安の克服過程に歩み入ることが難しい。

写真17　生後10か月
瓶と小鈴では、小鈴を選択するようになる。瓶に入った小鈴を人差し指でツンツンと突く。指さしの前駆段階。

3. 1歳半の発達の質的転換期である「次元可逆操作の階層」への飛躍的移行と発達診断

　乳児期後半の「連結可逆操作の階層」の生後10か月頃の「示性数3形成期」においては、「見比べ」や「持ちかえ」によって対象を区別し、さらに相互に関係づけることによって、手にしたものを入れたり渡したりする活動が獲得されはじめる。このような二つ（「対」）を「合わせる」活動を、田中昌人らは「定位的活動」と呼んだ。

　「次元可逆操作の階層」への飛躍のときでもある1歳半の発達の質的転換期において、この「定位的活動」はどのように変化していくのだろう。

● 「定位的活動」の連続と継起（「積木の塔」（写真18））

　8個の積木を机上の標準点に提示し、「高い高いしてね」などと言いながら、積木を積むことを促す。1歳3か月頃までは、積むことに達成感があり、一つ積んでは、また他の積木にも同じように積むような2個の積木の塔を並列させていくことが多い。これは、積むという「定位的活動」に達成感を覚えている姿だろう。そのときに子どもは、積木を提示した他者に積んだ事実を伝えようと

まなざしを送る。検査者は、それに応えて「上手だね」などと賞賛するだろう。そのような関係によって生じた達成感を基盤として、子どもは一つだけではない「もっとたくさん」の積木を積み上げようとする。

　しかし、検査用の積木は一辺が 2.5cm であり、容易には積み上げることができない。途中で崩れてしまうことも経験する。子どもは積むことを躊躇したりするが、言葉かけや積木を手渡されることによって励まされて、挑戦を再開するだろう。自らの能力を見極めるように、ある程度の個数で中断して、別の場所に積み上げようとすることもある。子どもなりに自らの能力を感じ取っているようだ。しかし、すべての積木を「積み切る」ことへの要求は確かであり、検査者や近くにいる家族などと視線を交わし、激励や承認を求め、それを契機にして、さらなる挑戦を続ける。

　1歳半頃は、この「積み切る」要求が確かになるときであり、それゆえに積み切れた喜びは大きいものがある。失敗やそこで生じた躊躇の感情に負けないで、自分の感情と操作を対象化して調整を試みようとするのだ。この「立ち直り」をつかさどる主体こそ、1歳半の発達の質的転換期に芽生え、強くなっていく自我の働きの一つの側面である。このとき、「どこから積み始めようか」というように、最初の1個の積木を自分で選択するようになる。この始点の自己決定を「自己領域の決定」と称することにする。

　1歳後半になると、積み上げる過程での他者との視線の交流は少なくなり、積み切ったときにはじめて「ほら、積めたでしょ」と伝えようとするまなざしを向けてくる。子どもが、他者の激励や承認に依存せず、自らの意図で積み切ろうとするようになったからだろう。その意図に導かれるように、積んでいるときには崩れないように積木の向きを調整したり、他方の手を添えたりする。また、右にある積木は右手で、左にある積木は左手で取って積もうとするだろう。それは、状況に応じて手を使い分けようとする姿であり、「○○ではない□□だ」という「1次元可逆操作」が思考として内面化している。換言すれば、表象のレベルでの選択性の始まりでもある。

写真18　1歳6か月。積木の塔

①はやる心で、いっぺんに3つの積木をもって積もうとしたりする。
②積木の塔が崩れてしまった。
③その失敗から心を整えようとするように、両手の積木を合わせてみたり、検査者のようすをうかがったりする。
④傍らの母親にさし出して、応援してもらいたい心を表現する。
⑤やっと心を整えて再び積み始める。先ほどのような勢いで、高く高く積むことは躊躇する。
⑥3つの積木の塔をいくつか並べて造ってみた。

1歳半の発達の質的転換期では、相手の要求した通り、あるいは自分の意図通りにできなかったときに、その心の立ち直りに時間的な「間」を必要とする。承認や激励を求めたり、少し横道にそれてみながら、立ち直りのきっかけをつかもうとする。しかし、失敗した事実を乗り越えていくことは難しいので、子どもなりにハードルの高さを調整して、再挑戦しようとする。

このような積み切ったという子どもの意図の達成は、「次はどうしよう」というような、次なる活動の意図を生むことになる。そうやって活動は単位を形成し、新しい単位へとつながっていく。

　子どもが自らの意図で「積み切る」ことに挑戦するのは、「第三者」たる検査者との共感、激励、承認などの関係があればこそだ。そこには、子どもの主体的な「定位的活動」を喜びをもって受けとめ、意味づけ、価値づけていく働きかけがある。自閉的な傾向のある子どもの場合、このような共感的な関係が創りにくいことに障害の一つの特徴が表れているが、大人の側も子どもの意図の達成としての定位的活動を「受けとめる」関わりが乏しくなることもある。

　生後10か月頃の「示性数3形成期」から、「入れる」「渡す」「載せる」「指さす」などの「定位的活動」が拡大していくが、それによって他者の受容的、共感的な関わりも自然に拡大していく。まさに「主客の転倒」によって子どもは、自らの世界の共有者として大人を引き込もうとする。子どもは、他者の共感や意味づけに対する期待があってこそ、「定位的活動」を試みるのだが、自閉的な傾向のある子どもには、そのような感情は確認されにくく、他者とりわけ「第三者」に対して、あるいは「第三者」を意識して、自発的な「定位的活動」を行うことはまれである。

　そのような発達状況にあっても、自ら運んで行って他者に手渡したり、籠から出して遊んでいた遊具を自発的に片づけたりすることがある。それらの「定位的活動」に心からの共感や意味づけを行えるかという大人のあり方が問われている。

● 可逆対操作の獲得（「入れ分け」（写真19）「はめ板・回転」（写真20・21）など）

　「定位的活動」は、1歳前半において、「一方」の器にある砂を「もう一方」の器に入れかえるような活動を量的に拡大させ、「砂」のような素材を仲立ちとして、二つの器の間を往き来する活動へと発展する。

　1歳半頃の「1次元可逆操作期」には、生後6、7か月頃の発達の質的転換期の「可逆対追視」「可逆対把握」と同様に、田中昌人らによって「可逆対配分」と名づ

写真19　1歳6か月。積木の対配分
左、右と、両方の器に配分できるようになる。すべてを入れきると、そのことを相手に伝えようとする。

けられた活動が展開する。

　8個の積木を机上の標準点に提示し、さらに遠地点に二つ（「対」）の器を用意して、「どちらにも同じに入れてね」と促す。1歳前半、なかでも1歳3か月頃を中心とする時期は、最初に入れた左右いずれかの器に残りの積木もすべて入れようとする。もう一方の器が視野に入ったとしても、そちらには転じずに、すべてを最初に入れた器に入れようとする。そこには意図の一貫性を感じる。しかし、すべての積木を入れきると他方の器に目を転じ、そちらに一気に入れかえようとするだろう。「入れ分け」を求めた他者の意図に抗するように、すべてを「一方」に入れきってから、「もう一方」に転じようとする。

　このような過程を経て1歳中頃になると、一つ目の積木を「一方」に入れ、次には「もう一方」にも入れて、さらに戻って「一方」に入れようとするような「入れ分け」を行うようになる。

　このような「入れ分け」をするまでの過程において、「一方」に全部入れようとしつつ、その器に入れきらないと「もう一方」の器に視線を移し、全部入れかえようとするような、子どもなりの試行錯誤をみせるのである。つまり、「一方」の器に入れたという経験的な事実、言い換えれば学習の結果を子どもは守ろうとするが、そのすべてを達成したときに、あるいは意図通りにはいかなかったときに、活動の対象を「もう一方」に転じる切り換えを行おうとするのだ。

　「○○ではない□□だ」というように活動を切りかえる操作と思考が可能に

写真 20-1　1歳3か月。「はめ板円板回転」
①両手で円孔に円板を入れることができた。
②しばらく見守ると、自分で円板を取り出して、立ててみたり転がしてみたりする。
③さらに、反対側にある四角孔に入れてみようとする。しかし、入らない。
④再び円孔に入れる。

なっていく過程として「1次元可逆操作」の獲得期をとらえることができる。対象を操作しつつ、その経験をフィードバックさせて思考が内面化していく過程といってよい。

　この過程は、「K式乳幼児発達検査」（「新版K式発達検査2001」として出版されている）の「はめ板・回転」でも観察することができる。「○」「△」「□」の形が切り抜かれた板を、利き手側に円孔が位置するように机上の標準点に提示し、円板を示して「入れてね」と促す。円孔に円板を入れたならば「ぐるぐるするよ」と言いつつ目前で板を180度回転して、「もう一度入れてね」と促す。1歳前半だと回転後であっても四角孔に円板を入れようとする「お手つき」をす

写真 20-2　1歳3か月。「はめ板円板回転」
⑤孔のあいた基板を180度回転して見せて、「もう一度入れてね」とうながす。先ほど円孔があった位置に入れようとするが、四角孔のために入らない。
⑥反対に円孔があることを確認し、両手で触れてみる。
⑦円孔の位置に気づいたにもかかわらず、入れ直すのではなく、やおら基板をもって向きを変えようとする。
⑧最初に入った位置に戻った円孔に入れ直す。
1歳3か月頃は、質的転換の導入期であり、「○○ではない□□だ」という「1次元可逆操作」のリハーサルを豊かに展開する。その一方で、自分が経験し、学習したことは、変更しようとはしない。このような要求の直線性があるので、状況のなかでさまざまなぶつかり合いや試行錯誤を繰り返し、結果として「○○ではない□□だ」という「1次元可逆操作」をしなやかに、かつ豊かに獲得していく。その際、さまざまなリハーサル活動が、豊かさの基盤になる。

ることが多いだろう。しかし、入れられないことに気づいて、反対側にある円孔に入れ直すことができる。限られた期間に出現することだが、入れられなかったときに、検査者が回転した板に手をかけて、それを元に復して入れ直そうとするだろう。つまり、「入れられた」という最初の経験的な事実に子どもは忠実であり、支配されている。また、この時期には、一度入れた円板を自ら出して

他の穴に入れてみたり、入れる前に円板を裏返したり、立てたりすることもある。それはあたかも、「切りかえ」のためのリハーサルを繰り返しているように見える。
　「入れ分け」課題でも「はめ板・回転」課題でも、1歳前半の発達段階において子どもは、「定位的活動」で最初に行った経験的な事実を守ろうとする要求がある。その一方で、それをやりきったとき、あるいはうまくいかなかったときに、他方に「転じる」こともできるようになる。日常生活においても、母親がショッピングバッグを手にすれば、外に連れて行ってもらえるというような一対一対応の認知をするが、いつでも連れて行ってもらえるわけではないという現実に出会って、「外に行くのではない○○なのだ」という転換を学んでいく。このように「転じる」ことへの抵抗は、必然的に「転じる」ことを招来し、そこから「○○ではない□□だ」というような内面化した思考が可能になっていく。
　積木の「入れ分け」課題と「はめ板・回転」課題を用いて、共通の発達過程を説明したが、前者が多数の積木と器という自由度のある素材・道具であることに対して、後者は一つの穴に一つの板という一対一対応の素材・道具であった。はめ板課題でも、子どもは出し入れや反転という活動によって試行錯誤をみせたが、この時期のリハーサルともいうべき活動にとって、多様な操作を経験できる変化のある素材・道具のほうが、発達検査、教材・教具のいずれにおいても好ましいものであることはいうまでもない。
　以上で述べたように子どもは、自由度の高い活動での「切りかえ」や「転換」のリハーサルと意図通りにはならない現実の下での試行錯誤を繰り返し、「○○ではない□□だ」というような「1次元可逆操作」を獲得していく。重い「発達の障害」をもっている子どもは、この過程に以下のような傾向が生じやすい。
　脳性マヒや難治性てんかんをもつ場合、道具の操作などの手指の巧緻性に弱さがあると、「切りかえ」「転換」のリハーサルや試行錯誤による思考の内面化が蓄積しにくい。「はめ板・回転」では、「お手つき」から転じて入れかえることが難しく、四角孔に入れようとし続ける。このとき「入れきる」というような子どもの意図の確かさや意志が感じられにくい。活動が引き起こす変化が子どもの感

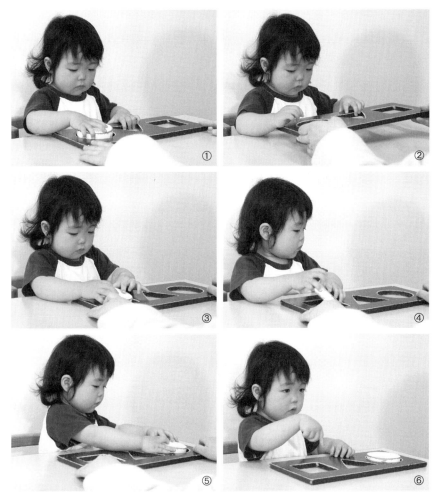

写真21　1歳6か月。「はめ板円板回転」
①円板を片手でも入れられるようになった。
②基板の回転を追跡している。
③最初は、先ほどの円孔の位置に来た四角孔に「お手つき」で入れてしまった。
④すぐに反対側に移動した円孔を確認する。
⑤円孔に入れ直すことができた。
⑥「お手つき」をしてしまった四角孔を指さして検査者に伝える。検査者の意図を受けとめて遂行
　している課題であることを認識しており、かつ活動の過程を振り返ることができるようになって
　いる。
1歳6か月頃は、まだ「お手つき」が残るが、そのような試行錯誤のなかで、「○○ではない□□だ」
という操作が内面化して、思考として活動を調整できるようになっていく。

第1章　発達検査と発達診断の基本的な方法　73

情にフィードバックするような教材・教具の工夫と関わり方を大切にしたい。

　たとえば「大きい―小さい」の対比ができるような2～3歳の「2次元形成期」になっても、その思考が内面化しにくい弱さをひきずっていることがある。対象との関係でじっくり考えて活動するような「間」のもちにくさとともに、言語の獲得にも弱さがある。あるいは、「なに？」「どっち？」「○○の上に」「○○の前に」などという関係の把握を前提としての言葉の理解が困難になることがある。おそらく、対象を具体的に操作するなかで獲得していく関係の認識とそれを表現する言葉が、十分獲得されていないからであろう。

　自閉的な傾向をともなう場合には、基板を180度回転した後、一瞥して即座に反対側に移動した円孔に入れることがある。形を瞬時に弁別することはできるが、目前の板を見渡し、反対側に移動した円孔と目前にある四角孔を見比べてから円孔に入れるような、思考の過程がみられにくい。「入れ分け」では、結果として「入れ分け」をしても、両手で同時にそれぞれの器に入れるなど、二つの器を見比べつつ交互に配分しているわけではない。このように自閉的な傾向のある子どもは、一対一対応の学習は成立するが、そこに「切りかえ」「転換」の過程を連関させていくことが難しい。一つには、さまざまな素材・道具活動を広げて「1次元可逆操作」のリハーサルを量的に拡大していくこと、もう一つには、自他の関係における意図や要求のぶつかり合いから自分と他者の意図を分化させたり、一つに統合するように調整していくことが困難だと推察される。

　彼らが一つの対象への活動ばかりする姿に接して、大人は一方的にその活動をやめさせようとしたり、他の活動への転換を促したりする。しかし、そうすることによって彼らは、その活動に執着したり、大人からの働きかけを拒否するようになる。このような抜き差しならぬ状況にもいたる「自―他」関係を、白石は「閉じた対」[注8]と呼んでみた。

　自閉的な傾向のある子どもは、一対一対応の学習が容易に成立するので、写真や絵カードや構成のモデルの提示によって、大人の意図した通りに活動することも多い。このような指導法は、一見功を奏したように見えるが、行動にお

いて大人の意図に適応しているのであって、発達そのものの変化ではない。学習の成立と発達的変化は区別されるべきことである。学習は、提示された条件のもとで成立しても、他の条件のもとで同じように成立するとは限らない。そのような異なった条件のもとであっても、試行錯誤を繰り返し自分を調整しながら、新しい活動を生産していく基盤になるのが発達的力量である。子どもは、自らの要求を実現するために、試行錯誤、他者との葛藤、他者の援助や指導を必然的に経験し、そのなかで「自―他」関係を基盤として、外界と自己を変革していく方法を獲得していく。この変化が発達的変化である。

● 「第三者」との言葉による事物・事象の共有（「可逆の指さし」（写真22））

　言語の意味理解は、生後10か月頃の「示性数3形成期」からはじまるといってよい。「メンメ」などという叱り言葉に今にも泣きだしそうな顔になり、「上手ね」とほめれば満面の笑みで応えてくれる。また、保育所などの朝の会の「名前呼び」では、手を挙げたり両手をたたいたりと表現はさまざまだが、自分の名前をわかって応え返すことができるようになっていく。「第三者」とさまざまな事物・事象や活動の共有が可能になるということは、普遍的な意味をもった言葉の理解が可能になるということでもある。この頃から、子どもは人差し指で外界を探索し、しだいに離れたところにある対象にも目を向けて、その発見の喜びを指さしで伝えてくれるようになる。1歳前半は、子どもの指さしに導かれて、大人がその発見された対象を見つめ、発見の喜びを共感していく段階である。

　「新版K式発達検査2001」の「絵指示」の図版（犬、自動車、人形、茶碗、鋏、魚の6つの絵が描かれている）を机上の標準点に提示し、「ワンワン（犬）はどれですか？」などと順次にたずねる。1歳前半では図版上の絵を自ら指さしてくれるが、問いへの応答をしてくれるわけではない。1歳中頃になると、「犬」などの興味にかなう対象ならば指さし、2歳近くなるとすべての対象に対して応答してくれるようになる。このような指さしを「応答の指さし」と呼ぶこともあるが、応答性だけではなく、「○○ではない□□だ」という内面化した思考である

「1次元可逆操作」によって、その対象を選択していることを視野に入れる必要がある。田中昌人らは、これを「可逆の指さし」と呼んだ。これに対して、「示性数3形成期」からみられる子どもからの自発的な指さしは、対象を定め、かつ他者の注意をそこに位置づけようとする意味があるので、「定位の指さし」とされている。

つまり、1歳前半ではコミュニケーションにおける子どもの意図と大人の意図は、並存している状況だが、1歳中頃になると子どもは、他者の意図を受けとめて自らの判断（思考）を介在させてから応え返すので、相互の意図は統一されていくといえよう。

「絵指示」課題に加えて、「目はどれですか？」などと顔の中の各部位（目、鼻、口、耳）をたずねる「身体各部」を行う。やはり1歳中頃から指さしで応えられるようになり、2歳になればすべての部位を応えてくれるだろう。1歳後半において、「もう一つの目」「反対の耳」などのように「もう一つ」あるいは「反対」の意味理解が可能になっていく。これは、目、耳、手、足など、人間の身体部位が「対」で存在しており、「一つ」だけではない「もう一つ」、「こちら」ばかりではない「あちら」という「反対」を、生活のなかでさまざまに経験し、「1次元可逆操作」によって弁別してきた結果として学習しているのである。このような「一つ」と「もう一つ」という区別と統一の操作や認識は、2歳からの2次元の萌芽に結びつく大切な土台である。

「可逆の指さし」は、言語理解のレベルを表現しているだけではない。たとえば、1枚に一つの絵が描かれている図版を並列して「○○はどれですか？」とたずねたときに、該当する図版を手に取ることができても、1枚に複数の絵が描かれている「絵指示」課題の図版では、「指さし」で応えられない子どももいる。たずねられた絵を理解して選択することができても、たずねた相手の意図（要求）に対して応え返すことにはならない。相手の意図を受けとめて、相手に応え返すという意味での可逆性の成立が問われている。「1歳6か月児健診」で必ずと言ってよいほど実施される「可逆の指さし」課題だが、そこには他者の意図を受け

写真22 「○○はどれ？」に答える「可逆の指さし」
①は「絵指示」、②は「身体各部」の「目」、③「もう一つの目」をたずねた。

とめて、自らの意図によって応え返すという「自─他」関係の形成が反映しているのである。

　後に述べる運動障害の重い子どもへの発達検査、発達診断においては、「指さし」を行うことができないという前提のもとで、1枚に一つの絵が描かれている図版を何枚か並列して「○○はどれですか？」とたずねることになる。その応答は視線でなされるのだが、このときも他者の意図に対して応え返しているという仕草を確認することが重要である。カードに視線を向けてから、そのカードを提示した検査者と視線を合わせようとする姿がみられるだろうか。

4．2～3歳である「次元可逆操作の階層」の「2次元形成期」の発達診断

　1歳半の発達の質的転換期における「○○ではない□□だ」という「1次元可逆操作」は、やがて「大きい─小さい」「長い─短い」などの対比性を内包し、対比的操作と認識に発展していく。たとえば、積木の「入れ分け」課題において、1歳中頃になると左右の器へのていねいな入れ分けをするようになるが、2歳に近づくと「一方」の器に1、2個の積木を入れ、残りのたくさんの積木は「もう一方」に入れて、検査者に両方の器を差し出すようになる。「両方に入れる」という検査者の意図（要求）に直接的に応えようとしているのである。同時に左右の器の配分が非対称になることにも、1歳半の発達の質的転換を達成した子ど

もの志向性が表れている。つまり、「○○ではない□□だ」という操作によって、「一方」に対して「もう一方」を「重みづけ」るようになるのだ。いろいろな場面においてこのような「重みづけ」を行い、その操作によって対比性を創っていく段階に入る。

● 2次元の構成・表現（「トラックの模倣」「家の模倣」「反対回りのマル（逆円）」）
　「走りますよ、ブッブー」などと意味づけて興味を引きつつ、机上の遠地点で4つの積木を使って「トラック」のモデル（93ページ、図4）を造って見せる。そのあとで標準点に同じ数の積木を提示し、「同じようにトラックを造ってね」と促す。2歳になった頃には、提示された積木を取りつつも、それをモデルに載せてしまうような「自―他」の未分化な活動になりやすい。トラックは横と縦という二つの方向性の結合であり、それを見ると子どもは興味をもちつつも、容易ならざる課題であることを直感するようだ。このように、自らの尖端の能力と課題を遂行するために求められている能力の「ずれ」が大きいと、「モデルへの接近」という「自―他」の未分化さが現れ出ることになる。
　このようなときに、自分の領域で構成する手がかりとして標準点付近に小さい紙を敷き、その上での構成を促すと奏功するとされている。しかし、このように刺激の提示によって外的に区別して紙の上で構成したとしても、それは誘導であって、自ら自分の領域を定めていく手がかりになっているとは言いがたい。むしろいったんはモデルの上に載せつつも、そのあとでどのような試行錯誤を行うかに注目したい。2歳前半においては、一度はモデルの上に載せるが、再度の構成を促すと対称的な構成[註9]で応えることもある。あるいは、モデルの荷台部分に自分の積木を載せ、その上にさらに残りの2個を載せることもある。このとき子どもが構成した形は、いずれも対称形である。
　「家の模倣」（93ページ、図4）は、遠地点に子どもには造り方が見えないようにモデルを提示し、「これはお家です。この門からはいるのですよ」あるいは「トンネルがあるね、ブッブー、ここから入るよ」などと子どもの興味を引きつ

ける。標準点に3つの積木を提示して、「同じに造ってね」と促す。二つの積木を間隔をあけて並べ、その中央に一つの積木を載せるのだが、間隔をあけることに注意しないと容易には構成できない。「トラックの模倣」よりも難しいものだが、2歳の前半だと「家の模倣」の方を先に完成できることもある。対称形であることに関心をもつことのできる2歳前半の子どもにとっては、非対称形のトラックよりも完成は容易なのだろう。

　このように他者の意図であるモデルに注目し、自分の意図によって、自分の領域で構成するのだが、他者の意図を受け入れようとする意思をもちつつも、自分の現下の能力でモデル通りの構成を試みることには矛盾がある。つまり、「○○してから△△する」という二つの単位をつなげていくことは、2歳前半の発達段階の子どもには容易ではないのである。その矛盾が、「モデルへの接近」となって表れる。しかし、子どもは他者の意図を回避しようとしているのではない。心理的に受容しやすい形態である対称性をもって、自らの構成を試みているようだ。

　このような2歳前半の過程を経過することによって、2歳後半でどちらのモデルにも応じて構成できるようになっていく。「トラック」も「家」も、横と縦という異なった単位を「○○してから△△する」というように「つなげる」操作によって構成するものである。

　このような異なった単位をつなげていく継起的操作は「2次元」と称される段階の一つの特徴であり、2〜3歳はその導入のときである「2次元形成期」、4歳頃はその操作の獲得の段階である「2次元可逆操作期」である。

　積木を「積み切る」活動に象徴されるように、意図（「つもり」）をもって活動の始点と終点（締めくくり）をつけ、自らの活動の単位をつくることができると、その達成された単位を表象として保持しつつ、次の活動の意図を生起させていく。

　このような活動の「つながり」（継起性）は、「反対回りのマル」を描く課題でもみることができる。2歳中頃になると、モデルの円を見て「始点」と「終点」をつないで外側への回転である外転「円」を描くことができる。そのときに、「今

とは反対回りのマル（逆円）を描いてくれるかな？」と指示してみる。この年齢では、同じ回転方向の円を描くことしかできないだろう。そのとき検査者が内転である「逆円」を描いてみせると、そこに手がかりを得て反転することができるのは3歳になってからであり、このようなモデルがなくとも言葉の指示だけで「逆円」が描けるようになるのは4歳頃の「2次元可逆操作」の獲得によってである。

「発達の障害」のある子どもは、「○○ではない□□だ」という「1次元可逆操作」の量的な拡大、あるいは自由度の高い発揮が制約される。そのことと「モデルへの接近」や「対称性反応」が長く続くことには因果関係がある。たとえば同一の形態をマッチングするパズルのような操作活動からは、「○○ではない□□だ」というような試行錯誤や自由度のある「1次元可逆操作」は発揮されにくい。このようなマッチングあるいは紋切り型の操作から脱していくためには、変化する素材とそれに働きかける道具が必要になる。しかも、その素材・道具活動が他者との共感・共有を通じて意味づけられ価値づけられていくことによって、子どもは「つもり」をもって活動し、達成感をもって活動を締めくくり、次の展開をイメージしていくことができる。そのような「自─他」関係を基本とする人間関係の形成過程と表象の発達が連関していく。

このような人間関係の形成によって、自らの意図と他者の意図を区別して認識しつつ、その葛藤過程のなかから、いっそう他者は他者として自分は自分として、「自─他」を区別して認識するようになっていく。「トラック模倣」で観察された「モデルへの接近」や「対称性反応」は、この葛藤過程の只中における現象である。「発達の障害」がある場合、「2次元形成期」の初期での停滞現象がみられることが多いが、そのときに「モデルへの接近」や「対称性反応」も長く続くことが多い。この葛藤過程を前進する駆動力は、子ども自身が遊びや活動の要求と発達要求を高め、他者との葛藤や調整を繰り返しつつ、目的意識をもって生活するなかで確かになっていく。

ところが、他者の意図を認識することにより、大人の指示に従属的な関係に陥ったり、「視覚支援」と称する一方向的な提示に応じてしまうために、他者へ

の過剰な適応が強化されている事例も多い。このような「モデル通り」「他者の意図通り」になってしまう従属的な関係を脱して、自らのなかに「本当の要求」を育てることが発達課題となる。「本当の要求」とは曖昧な概念であるが、子どもにとってのそれは、期待を高め「よき見通し」となるような活動、遊び、空間移動などであろう。まず、楽しいという感情をもち、さらにその活動の意味や価値に関する認識がともなえば、子どもはいっそう活動意欲を高めていく。「運ぶ」「渡す」「片づける」「大人と同じような仕事に挑戦する」「小さい友だちに手を差し伸べる」など、生活のなかで意味と価値を実感しやすい活動に、子どもの心はひきつけられていく。また「本当の要求」は、その実現のために自らを対象化し、変革しつつ高めていくという発達要求をも内包することになる。

● 対比的認識の獲得（「大小比較」（写真23）「対の円錯画モデルへの接近」「形の弁別」）

「K式乳幼児発達検査」（「新版K式発達検査2001」）の「大小比較」課題を実施してみる。机上の標準点に図版を提示し、「どっちのマルが大きいですか？」とたずねる。3回試行するが、1回目は利き手と反対側に大きい丸が位置するように、2回目は左右の位置を換えて、3回目は上部に大きい丸が位置するように縦に提示する。

1枚のカードの上に描かれた「大」と「小」の二つ（「対」）の丸を、「○○ではない□□だ」と「1次元可逆操作」によって区別する認識が問われている。「○○はどれですか？」に指さしで答える「可逆の指さし」は、この操作によって他とは区別された一つを確定し、他者の意図（要求）に対して応答する指さしであるが、

写真23　①大小比較に答える2歳児

そのような「1次元可逆操作」の獲得が「大小比較」などの対比的認識の前提になる。「1次元可逆操作」の獲得によって、子どもは区別、選択、調整を基本的な特徴とする操作を行うようになり、そこに「重みづけ」と称すべき対比的な操作が生まれていく。この「重みづけ」とは、子どもがその事物・事象の意味と価値を認識するゆえに、単なる区別ではない、「もっと」「たくさん」という要求をもった区別や選択を行うことである。

　2歳前半においては、この対比的認識や操作は芽生えたばかりである。2歳の誕生日頃にも「大小比較」に正答できる子どももいるが、多くは「大きい」という名前の丸、「小さい」という名前の丸という学習が成立することによって、「1次元可逆操作」のレベルでの応答をしているのであろう。これは「弁別」であって「比較」ではない。2歳前半の子どもの多くは、どちらの丸も指さしてしまう。1枚のカードの上に描かれた二つ（「対」）の丸は、どちらも「マル」であって、それ以外の名称はない。「大きい丸」から指さしたとしても、すぐに「小さい丸」も指さしてしまうだろう。つまり、「大きい」という意味理解は芽生えているが、他方との対比によって「大きい」と「小さい」を確定していくことには、心許なさがある段階なのである。1枚のカードに描かれている「対」であることが、この動揺を強める要因になる。発達検査においては、子どもの応答に対して、正否の評価を伝えないことになっているが、このような不確定さがあるときにこそ「そうだね」と承認されることによって、子どもは不確定な対比を確定させることができるようになっていく。発達検査・発達診断において、このような承認を与えることの教育的な効果を診ることがあってもよいだろう。

　2歳後半になると、「どちらが大きい丸ですか？」に正答できるだけではなく、「どちらが小さい丸ですか？」にも応えてくれるだろう。互いの対比によって、「大」のみならず「小」も確定していくことができるのだ。この段階に至れば、「本当にそうですか？」という意地悪な検査者からの問いかけを行ったとしても、自分の決定したことには動揺を示さなくなる。しかし、カードに大中小の3つの丸を描いて「大きい」「小さい」を問うと、途端に動揺を示すだろう。そこに

写真23 ②2歳11か月。「大中小」の描かれたカードで「大」をたずねる。③「小」をたずねる。④「中」をたずねたが、決めかねている。3歳に近づくと「わかっているかどうか」と自分のことを見ることができるようになるので、はにかみ、躊躇、手のくせなどが現れる。

は一つではない複数の対比が存在しているからだ。

　「発達の障害」があり、かつ「大小比較」をはじめとする対比的認識の課題に困難を示す子どもには、いくつかの傾向がある。「どっち？」という言葉そのものの理解の難しさがあるために、この問いに対して落ち着かなくなったり、席を離れたりする。無理に引き戻そうとしなければ自ら席に戻ってくることも多く、席を離れたことを心のリハーサルの時間のようにして応えてくれることもある。あるいは、「大きい丸」「小さい丸」などと自分で唱えつつ、両方を指してしまうこともある。まれにだが、両手で同時に二つの丸を指すこともある。これらに共通するのは、二つ（「対」）を区別しつつ一方を選択していくという操作の不確実さである。換言すれば、「○○ではない□□だ」という「1次元可逆操作」のレベルが、「一方」と「もう一方」という区別された単位をもった「対」を確定していくまでには至っていないということである。

　B4判の紙の子どもから見て上部に二つ（「対」）の円錯画のモデルを描いてみせて、同じに描くように求める。1歳中頃の子どもは二つ（「対」）のモデルのそれぞれに接近して描き分ける。2歳になると、二つ（「対」）のモデルとは区別された領域に、二つではなく一つの円錯画を描くようになる。そこには、二つ（「対」）のモデルがどちらも円錯画であり同一のものなのだと思考して認識できる区別と同一の統合的認識、つまり真の弁別性が獲得されているのであり、同時にそのように認識した自分の表現を、他者の領域から区別された自分の領域

写真24 「形の弁別Ⅰ」同じ形の図形の上に置く前に、指さしで検査者に伝えようとする。

に描こうとしているのである（白石、2011）。

このような区別と同一の統合的認識にまで高まった「1次元可逆操作」を獲得しているかどうかは、次の課題などで確認できる。「K式乳幼児発達検査」（「新版K式発達検査2001」）の「形の弁別Ⅰ」（写真24）は、5つの異なった図版を子どもに順次に手渡して、「同じものはどれですか？」とたずね、マッチングすることを求めるものである。ここではあえて手渡さずに、「可逆の指さし」での応答を求めてみる。自閉症の子どもの多くには、検査者の手から切り抜き図版をとって刺激図版の上にのせようとする時期がある。つまり、刺激図版のすべての図形を見渡した上で、「これです」と検査者に応えてくれるような指さしはしてくれないのである。①同一の対象を結びつけようとするマッチングはできるが、「〇〇ではない□□だ」という区別のための操作を行っているわけではない、②他者の意図である「問い」を受けとめて、自分の思考の結果としての「応え」を返すという「自－他」の区別と統合がなされているわけではない。つまり、二つ（「対」）の区別と同一を弁別できる認識と「自－他」の意図を区別したうえで統合していく過程は、本来は不可分の連関をしているのではないか。

ここまで述べてきた発達検査と発達診断の方法の検討から、終章（224-236ページ）において、発達をどのように認識するかを議論してみたい。

（註1）脳波
　脳波の波の高さを振幅、横幅を周期、周期の逆数を周波数という。周波数は、ヘルツ（Hz）またはサイクル（c/s）で表す。
　脳波の一つひとつの波を、次のように周波数で分類する。

デルタ（δ）波　4Hz未満
シータ（θ）波　4〜8Hz未満
アルファ（α）波　8〜13Hz未満
ベータ（β）波　13Hz以上

デルタ波とシータ波をあわせて徐波、ベータ波を速波ともいう。

「安静閉眼覚醒時」には後頭部で最も振幅が高く連続性のよいアルファ波がみられ、「深睡眠時」には高振幅徐波が現れる。

てんかん性の脳波は、振幅が大きく形の異なる波が突然に現れるものであり、「発作波」という。「発作波」には以下のものがある。

棘波（spike）持続が12分の1秒以下の尖った脳波。100マイクロボルトあるいは基礎波の振幅の2倍以上のもの。

鋭波（sharp wave）持続が5分の1〜12分の1秒の棘波より遅い尖ったもの。

徐波群発（slow wave burst）背景の脳波からは区別される高振幅徐波が律動的に群発するもの。

棘徐波結合（spike and wave complex）棘波に続いて高振幅徐波が出現し、まとまったパターンをつくるもの。

（註2）「可逆操作の高次化における階層―段階理論」

田中昌人・田中杉恵らによる発達の段階と質的転換に関する理論である。「発達は、単に「できないことができるようになる」という機能・能力の現象的な変化のことではない。それらの事実を成り立たせている、長い時間のなかで起こる法則的な変化のことをいう。経験し、学習によって身につけた能力や技能が、即、発達的変化になるのではない。その成長の事実が発達の法則的変化を引き起こしたときに、学習は発達に変化を及ぼしたと見ることができる。発達的変化が起こることによって、子どものさまざまな学習や経験の志向性や内容も、質的に変化していくはずである。

田中昌人らの「可逆操作の高次化における階層―段階理論」によれば、生後6、7か月頃、1歳半頃、9歳頃に、乳幼児期と学童期における質的転換期が仮説されている。質的転換とは、漸進的な量の変化ではなく、飛躍的な質の変化のことである（表2、図2）。

この理論によるならば、発達の質的転換期と次の発達の質的転換期との間には、「階層」といわれる大きな発達段階が存在している。そして一つの階層のなかに、飛躍のときも含めて3つの「段階」が見出されている。この3つの発達段階が高次の「階層」においても同じように見出されるとするところに、この理論の重要なポイントがある。つまり発達は「3つ」の発達段階を形成しながら、まるで螺旋階段を上るように高い階層に移行していく。以下では主に、乳幼児期に相当する発達段階について具体的に説

明していく。

　乳児期前半の「回転可逆操作の階層」の第1段階「回転軸1可逆操作期」（生後1か月頃）は、まだ手も足も躯幹の動きからは自由になっておらず、からだはひとまとまりに動く段階である。顔を向けた方の手足は伸展し、反対側は屈曲するという非対称性緊張性頸反射が見られる。第2段階「回転軸2可逆操作期」（3か月頃）になると、手や足が躯幹から自由になり、手と手、足と足を触れ合わせたりする活動ができるようになる。また、左右上下への往復追視も可能になる。第3段階「回転軸3可逆操作期」（5か月頃）になると、さらに手からは指が分離し、おもちゃをつかもうとしたり、手で足を持って遊ぼうとするような活動ができるようになる。以上が乳児期前半の「回転可逆操作の階層」の特徴のすべてではないが、からだから活動の軸が一つずつ分離して自由になっていくことを一つの特徴とする段階である。

　生後6、7か月頃からの「連結可逆操作の階層」の第1段階「示性数1可逆操作期」において、子どもは外界と一つの結び目を結ぶことができる。たとえば、一つのモノを把握することができるが、他方の手でもう一つを把握しようとすると、最初に確保していたものは手から放れてしまう。第2段階「示性数2可逆操作期」（9か月頃）は、二つの結び目を結ぶことができるので、両手にモノを把握することができる。また、容れ物と中身を区別してとらえ、中身だけを取り出すことができる。第3段階「示性数3可逆操作期」（11か月頃）は、3つの結び目を結ぶことができるので、両手にモノを把握したうえで、それを容れ物に入れることができるような3つ目の結びをつくろうとする。ここで言う「結び目」は、手の把握のことだけではない。たとえば、容れ物と中身という二つの単位に区分して認知したり、活動の結果を他者と共有・共感することも「二つの結び目」を結ぶことである。以上が乳児期後半の「連結可逆操作の階層」の特徴のすべてではないが、外界との「結び目」が一つずつ増えて、さまざまな事物・事象や人との関係を結び、認識を拡大しつつ外界への志向性と目的性を創出していくことを一つの特徴とする段階である。

　1歳半頃の「次元可逆操作の階層」の第1段階「1次元可逆操作期」において、子どもは二つのことを活動や意識において並列させて、「○○ではない□□だ」というように可逆的に操作し、思考できるようになる。第2段階「2次元可逆操作期」（4歳頃）では、二つのことを「大―小」「軽―重」などの関係においてとらえて対比的に操作し、思考できるようになる。また、左右の手の活動が分化と協応を確かにし、左手で紙の向きを調整しながら、右手のハサミで曲線切りするというような「○○しながら□□する」という二つの操作の結合がみられる。第3段階「3次元可逆操作期」（7歳頃）では、対比的操作ばかりではなく、「大中小」というような中間項が認識され、3つの単位で系列的に操作できるようになる。以上が幼児期の「次元可逆操作の階層」の特

表2　胎生期から成人になるまでの「発達の階層―段階」と「新しい発達の原動力の生成」(通常の場合)および発達障害を含む「発達保障の階梯」との対応関係　　　2003. 田中昌人

大階層	階層	発達の段階	発達の原動諸力	人格の発達的基礎	発達障害	通常の年齢	通常の場合	発達保障の階梯	
人間発達の第3大階層・青少年期	(成年以降は省略)			―社会的自己の形成				V	中期
	生後第4・少年少女期から(変換可逆操作の階層)	3 3次変換可逆操作 2 2次変換可逆操作 1 1次変換可逆操作	―生後第4の新しい発達の原動力の発生	飛躍的移行期:抽出移行変換可逆対操作 ―集団的自己の形成	発達障害Ⅶ (ハトAの仲間達)	14歳頃～	中学生	Ⅳ	前期 後期 中期
人間発達の第2大階層・乳幼児童期	生後第3・幼児期(次元可逆操作の階層)	3 3次元可逆操作 2 2次元可逆操作 1 1次元可逆操作	―生後第3の新しい発達の原動力の発生	飛躍的移行期:変換移行次元可逆対操作 ―自我の形成	発達障害Ⅳ (渡辺君の場合)	5歳半頃～ 1歳半頃～	小学校就学	Ⅲ	前期 後期 中期
	生後第2・乳児期後半(連結可逆操作の階層)	3 示性数3可逆操作 2 示性数2可逆操作 1 示性数1可逆操作	―生後第2の新しい発達の原動力の発生	飛躍的移行期:次元移行連結可逆対操作 ―我の形成	発達障害Ⅴ (三井君の場合)	10か月～ 7か月～		Ⅱ	前期 後期 中期
	生後第1・乳児期前半(回転軸可逆操作の階層)	3 回転軸3可逆操作 2 回転軸2可逆操作 1 回転軸1可逆操作	―生後第1の新しい発達の原動力の発生	飛躍的移行期:連結移行回転可逆対操作 ―条件反射の基の形成	発達障害Ⅳ (下出口君の場合)	4か月～		Ⅰ	前期 後期 中期 前期
人間発達の第1大階層・胎生期	胎児期の階層	3 大脳溝・大脳回・第1群髄鞘形成 2 大脳外側溝・神経の髄鞘形成開始 1 骨化・大脳半球形成	―子宮外生活の準備 (神経成長因子群)	飛躍的移行期:子宮外代謝 ―活動の基礎の形成	発達障害Ⅲ	26週～出生 16週～ 8週～	教育の階梯		
	胎芽期の階層	3 器官期 2 原基期 1 胚芽期	―成人型器官の発生と原始臓器の消滅 体節決定遺伝子群・ホメオティック遺伝子群	飛躍的移行期:心臓循環・胎盤循環、始原生殖細胞の発生等 ―形態の基礎の形成	発達障害Ⅱ	5週～ 4週～ 3週～			
	卵体期の階層	3 腔膜期 2 胞胚期 1 桑実期	―栄養膜、胚胎節の発生と透明帯消滅 体軸決定遺伝子群	飛躍的移行期:原始子宮胎盤循環 ―胎生の基礎の形成	発達障害Ⅰ	7日～ 4日～ 受精～	着床 子宮内 卵管内		
(受精以前は省略)						(胎齢)			

『夜明け前の子どもたち』の場合
(田中昌人 (2003)『障害のある人びとと創る人間教育』大月書店より)

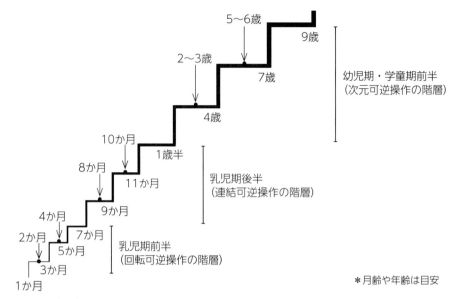

図2　発達段階の説明図
この図は、「可逆操作の高次化における階層―段階理論」による階層と段階のおよその時期を模式的に示したものである。実際の発達の過程は、このように規則的なものではなく、逆行、曲折、停滞や機能連関の「ずれ」などを含み、多様性によっても特徴づけられる過程である。

徴のすべてではないが、外界と自己を操作し思考する変数が一つずつ増えて、新しい活動を創出しつつ言語と概念を拡大していくことを一つの特徴とする段階である。
　なお、それぞれの段階にはその未確定な特徴をもった「形成期」が先行して存在している。たとえば、「1次元可逆操作期」には「1次元形成期」が前提として存在する。
　大切なこととして、どの「階層」においても第2段階から第3段階への移行期、つまり第3段階の「形成期」において、次の「階層」に飛躍するための「新しい発達の原動力」が発生するとされている。」（白石正久『発達と指導をつむぐ―教育と療育のための試論』全障研出版部、110－112ページ、2014年より引用）。
　「可逆操作」については、田中昌人により次のように説明されている。「発達における自己運動として外界を取り入れ、運動・実践を産出するにあたって、活動の源泉であり活動の結果としてうまれる欲求を人間的な発達要求にたかめつつ間接性を操作していく際の基本様式の一つ」であり、「外界を変化させるとともに、自己の自然（本性）を変化させていくし、さらに諸連関のもとでみずからの潜勢能力を発達させて自己自身の統制に従わせ、制限からの発達的解放、客観的自由獲得の可能性を増大させていく。」（田中昌人、1980、150ページ）

「可逆操作」とは、人間としての欲求を発達要求に高めつつ外界（他者を含む）と自分自身に働きかけるときの活動に共通する操作の特徴（様式）のことであり、その力によって人間は、自分に潜在する能力を花開かせて、制限から解放されつつ自由に活動し生きることができるようになっていくということである。

　人間の活動が「やりっぱなし」「行きっぱなし」「言いっぱなし」「怒りっぱなし」だったらどうなるか。「可逆操作」つまり「始点─終点」と「行き─戻り」があることによって、人間の活動と社会は、ある種のまとまりある態勢、秩序を作りだすことができるようになっている。乳児期の子どもなら、事物を目で追うことができるようになっているならば、それを逆方向にも追跡できなければ、視線は「行きっぱなし」の状態になってしまう。何かを取ろうとして開いた指が閉じることができないならば、把握運動を自由に行うことはできない。オムツが濡れて不快さを泣いて訴えることができても、そこから気分、感情を復元させることができないなら、「泣きっぱなし」の生活になる。子どもは、その活動において大人などからの働きかけに支えられて、「可逆操作」ができるようになっていく。また、他者に働きかけて、他者の行動や心理の変化を理解し、それを受けとめて働きかけ方を変化させ、さらに働きかけていく。それは人と人との間で「可逆操作」を発揮するということである。

　このように「可逆操作」は、一言で説明するならば始点と終点の間を行き戻りする活動を特徴づける操作のことである。それは、目に見える運動や手指の操作に限らず、思考、感情と情動、そのコントロール、自分と他者の関係形成などの発達を構成するすべての力に及ぶ共通の特徴としてとらえられる。

　しかし、「行き─戻り」ができるだけでは、いつまでたっても始点から終点に戻り、そこから変化する契機は与えられない。その「可逆操作」だけでは、自分の発達要求が実現できないという矛盾をもつことによって、その「可逆操作」のレベルそのものを変革していくことが必然となる（白石正久『やわらかい自我のつぼみ─3歳になるまでの発達と「1歳半の節」』全障研出版部、19-21ページ、2011年を参考にして解説）。

（註3）てんかんの発作型
　てんかんの治療のためには、正確な発作型の診断が必要である。てんかん発作は、神経細胞の過剰な放電がどのように起こるかによって、二つに大別される。一つは、脳のある部分から始まる「部分発作」、もう一つは、過剰な放電が脳全体に及ぶ「全般発作」である。

　「部分発作」は、意識消失のない「単純部分発作」と、意識消失のある「複雑部分発作」に分けられる。過剰な放電の起こった脳の部位によって症状は異なる。視覚領野に起これば幻視があったりモノが見えなくなったりする。運動領野ならばピクつきや不随

意運動がみられたりする。「複雑部分発作」は、舌なめずり、手もみ、身づくろい、歩き回るなどの自動症をともなうことがある。過剰な放電が脳全体に広がり、全身のけいれんになる場合を、部分発作の「二次性全般化」という。

「全般発作」は、突然意識を消失し十数秒後には回復する「欠神発作」、始まりと終わりがはっきりせず数十秒と長く続く「非定型欠神発作」、全身あるいは一部がビクッとする「ミオクロニー発作」、全身を固くする「強直発作」、カクカクと全身に力が入ったり抜けたりする「間代発作」、強直発作に間代発作が続く「強直間代発作」、全身の力が抜ける「脱力（失立）発作」などがある。

（註4）脳性マヒ

受胎から新生児期（生後4週間まで）に生じた脳の非進行性病変にもとづく、永続的な、しかし変化しうる運動および姿勢の異常と定義されている。症状は、筋緊張の異常、筋力低下、バランスの調整の障害などである。

一般的には、①マヒの部分によって、四肢マヒ、両マヒ、対マヒ、片マヒなどに分類される。②筋緊張の異常の特徴によって、痙直性、アテトーゼ、失調性、混合性などに分類される。痙直性は、伸展性の緊張が異常に亢進するもの、アテトーゼは不随意運動が亢進するもの、失調性はバランスの調整が制約されるもの、混合性は文字通り複数の筋緊張の異常をともなうものである。

（註5）人知り初めしほほえみ

田中昌人・田中杉恵による呼称。次のように説明される。「（生後3か月頃の）ほほえみかえしが十分な普遍性を持ってくると、次には、ほほえみのなかにもっと重みづけ、あるいは価値づけともいえることができはじめるようです。まず、紙に描いた顔にはほほえまなくなります。ぬいぐるみの人形にも笑いません。人間にだけ笑います。しかも人間でも見知らない人の顔などは、じっーと見ます。逆に、より親しいおかあさんとか保母さんとかにたいしては、ただほほえみかえすだけではなく、いっそう喜びの笑い声をともなってこたえてきます。大きな声でキャッキャッといって喜びます。選択的な笑顔と笑い声です。

さらに、こちらのほうからはたらきかけていないにもかかわらず、赤ちゃんのほうから親しい相手を見つけて笑い声を出し、笑い顔を向けてくる、こういうことがはじまります。単に受身的にほほえみかえすだけではなく、赤ちゃんのほうから相手にたいして、多少選択的に声を出し笑顔を向けていくわけです。」（田中昌人『乳児の発達診断入門』大月書店、36-37ページ、1985年より引用）

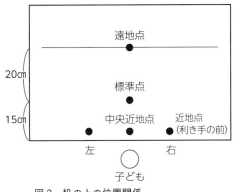

図3 机の上の位置関係

(註6)机上標準点
発達検査においては、子どもの位置と提示する素材・道具の位置を図3のように定めている。

(註7)「間」(「間接性」)
我々は日常的に、「間をもって考える」「間をもって関わる」などという。そこには「あいだを開ける」という共通の意味が存在するが、さらに時間的な「間」、距離的・空間的な「間」、人と人との心理的な「間」などがある。その「間」によって、働きかけるべき対象をさらに認識し、自分自身の働きかけ方を調整していくことができる。このような意味での「間」は、生後10か月頃に当たる「示性数3形成期」に形成され始めるが、生後6、7か月頃に当たる「示性数1可逆操作期」での「可逆対操作」の獲得や発揮が制約されていると、その後十分に発達しないことがある。このような時系列における縦の「つながり」である発達連関の様子をとらえていくことが、教育指導上、重要になる。

(註8)「閉じた対」
「私たちは二つのことを心にとめておく必要があります。
一つは、発達の障害によって生じる問題です。たとえば自閉症などは、この一対一対応の記憶がとても精緻に、かつ量的にたくさん形成されやすく、「AならばB」「CならばD」「EならばF」……という対応関係が作られます。そのために、その一対一対応が拒絶されることによって、一方向的な「だだこね」ともいうべき「パニック」になってしまう時期もあります。そのような一対一対応をいつも守ろうとする要求が強いことを「同一性保持」といいます。

私は、自閉症の子どもたちに「形の弁別課題」という発達検査を実施したときに、注目すべきことがあることに気づきました。いろいろな図形が描かれた図版を見せて、さらにその中の一つの図形が描かれた図版を提示しながら、「同じものはどれですか？」と問うのです。すると、私の手のなかにある図版を奪い取るようにして、たくさんの図形が描かれた図版の、同じ図形の上に重ねるようにつけようとするのでした。私が期待していることは、両方の図版を見比べて、同じ図形を指さしで教えてくれることなのですが。この重ねたい要求はとても強いものがあります。私はそれを「マッチング反応」と名づけました。この反応のメカニズムを、ごく単純化して説明するならば、二つを関係づけるという認知と記憶の機能が乖離するように先行して発達し、そこに他者と自分という関係の発達がともないにくくなっているということです。したがって、自分のなかで完結した一対一対応としての「閉じた対」を形成していくことになるのです。

　さらに説明すれば、1歳半の質的転換期は、「○○ではない□□だ」という1次元可逆操作が、外界に働きかける操作の特徴として獲得されるとともに、自他の関係において、自他を調整する力として獲得されていくのですが、その根本の可逆操作の獲得に、発達の障害が現れやすいということです。

　もう一つは、このような一対一対応を形成しやすい子どもに対して、ついつい大人は、要求通りにしないことに苛立ち、子どもの活動を拒絶したり禁止してしまうということです。あるいは、大人の意図や要求を、頭ごなしに子どもに伝えることもあるでしょう。そのようなときに、子どもは拒絶され否定された自分の要求を、頑なになって要求したり、その場から退散してしまったり、あるいはパニックで応じるようなことになるのではありませんか。そこでは、大人と子どもの間で、「ああ言えば、こうする」「こうすれば、ああする」というような、まさに一対一対応の完結した応戦が繰り広げられることになってしまうのです。それは、まず子どもに起源する問題というよりも、大人の働きかけに、子どもに有無を言わせない一方向的な性質があるということです。

　つまり二つの問題とは、一つには子どものなかに生じやすい自己完結した一対一対応の認知・記憶優位のパターンであり、もう一つは、それと向き合う大人の側にある「一方向的な働きかけ」という問題なのです。この二つの問題の相互作用によって子どもと大人のそれぞれに生じる行動の特徴を、私は「閉じた対」と称しました。」（白石正久『やわらかい自我のつぼみ─3歳になるまでの発達と「1歳半の節」』全障研出版部、117-119ページ、2011年より引用）

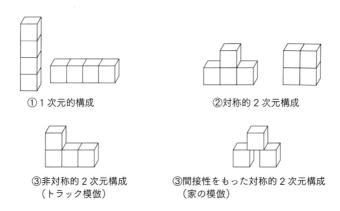

① 1次元的構成　　　　　　　②対称的 2 次元構成

③非対称的 2 次元構成　　　　③間接性をもった対称的 2 次元構成
　（トラック模倣）　　　　　　（家の模倣）

図4　積木構成の発達的順序性（白石恵理子による）

（註9）対称的な構成
積木構成の発達的順序性は、図4のようにとらえられている。

[文献]
京都国際社会福祉センター（2001）新版K式発達検査2001。
白石正久（1994）『発達の扉・上巻―子どもの発達の道すじ』かもがわ出版。
白石正久（1994）『発達障害論・第 1 巻―研究序説』かもがわ出版。
白石正久・白石恵理子編（2009）『教育と保育のための発達診断』全障研出版部。
白石正久（2011）『やわらかい自我のつぼみ―3 歳になるまでの発達と 1 歳半の節』全障研出版部。
白石正久（2014）『発達と指導をつむぐ―教育と療育のための試論』全障研出版部。
田中昌人（1980）『人間発達の科学』青木書店。
田中昌人・田中杉恵（写真・有田知行）(1982 〜 1988)『子どもの発達と診断』全 5 巻、大月書店。
田中昌人（1987）『人間発達の理論』青木書店。
田中昌人（2003）『障害のある人びとと創る人間教育』大月書店。

第 2 章

「みかけの重度」問題として
提案した発達診断

　筆者らは、発達検査の実施と評価に特別の難しさのあるいくつかの個別疾患・障害の事例をとりあげ、それまでの方法について自己反省的検討を試みてきた。それは、運動や手指操作の機能の障害が顕著であり、言語によるコミュニケーションを行わず、その代替となる手段の使用もとらえにくい事例であり、難治性てんかん、重度の脳性マヒ、レット症候群、アンジェルマン症候群および自閉症スペクトラムの 1 グループについてであった。

　私たちは、子どもがどのような障害や発達の状況であろうと、発達相談での出会いのときにはあいさつを交わし、子どもの健康や発達を家族と喜び合う言葉を大切にしている。「今日はお父さんもいっしょなの」「眠そうだね、目をパッチリ開いてみようか」「足が少し硬いからゆっくり曲げてごらん」等々。これらは子どもが理解してくれるかどうかはわからないが、大切にしている話しかけである。ところがあるとき気づいてみると、その言葉に応えるようにお父さんの方に視線を向けたり、瞬きしたり、足を曲げようとする子どもがいたのである。言葉かけにすぐに反応した姿ではなく、少し間があいてからの姿である。はじめは偶然や錯覚かもしれないと思った。

　発達はさまざまな機能・能力の連関によって成り立っている。この連関には、神経学的に根拠のある直接的な連関と、直接的ではないけれど、活動の遂行過程において関係しあう間接的（媒介的）な連関がある。その連関によって、それぞれの発達段階は形成されているのである。障害のある子どもの場合、障害によって制約されている機能・能力があるために、連関に特殊な様態、つまり「ず

れ」を生じることがある。この障害の制約によって発達の連関に「ずれ」が生じるという事実を、重い機能障害のある子どもの発達診断において私たちは過小評価しているのではないかという懸念が生じた。特に、マヒなどによる筋緊張や眼球運動の異常、不随意運動は、運動機能・能力を直接的に制約するものであり、発達の連関の過程から運動機能を切り離す作用をする。つまり、この運動機能・能力とは相対的に区別された認知、コミュニケーション、対人関係、感情や情動の機能が存在することを認識しなければならないのではないか。

　この事実の確認は、私たちにとってある種の苦悩であった。それまで個々の子どもに行ってきた発達診断や指導を根本的に見直すことが求められたからである。しかし、それまでの発達診断において、小さな変化のなかにも子どもの精神活動の現れを読み取ろうとする実践を積み重ねてきたことが、子どもの新しい可能性を見つける視点を準備してくれていたのだとも思う。

　ここで問題にすべき事例は、運動、手指操作の機能のレベルや表出されるコミュニケーションのレベルから判断して、いわゆる乳児期の発達段階と診断・評価される子どもである。また教育目標も、その発達段階に応じて設定されることになる。しかし、そのうちの少なくない事例に、表出言語はなくとも言語による認識の存在が見出されることとなった。従来から我々が行ってきた発達診断が、発達検査と、その結果の分析という限られた活動と視野の中だけでなされていたこと、その結果として発達とその障害をとらえるための情報入手が狭隘なものであったことを、再認識する契機となった。

　このような機能障害の重い子どもの発達診断で試行錯誤しつつ教訓化してきたのは、子どもが日々の生活や教育の過程においてみせるさまざまな活動や行動の中に、彼らが外界に主体的に働きかけ、そのことを通じて創造しようとするさまざまな意味や価値が潜んでいるということである。その過程を視野に入れて分析するなかで、発達検査とその分析だけではとらえることのできない情報が、浮かび上がるように見えるようになった。そして発達検査の技法や発達診断の視点にも修正を加えることができるようになってきた。さらに、発達は

運動や手指操作による対象的な活動を行うなかで、その試行錯誤やそれへの教育的働きかけを媒介にして、操作が高次化していく過程であるが、機能障害が重く対象的活動が著しく制限される子どもの場合には、その過程がどうなるのかという関心も生じた。

この章では、機能障害の重い子どもの発達診断を進める過程において、発達検査の方法と、生活・教育過程から入手された情報とが、緊張関係をもって統合されていく事例を中心に、筆者らの取り組みを紹介することとする。

1 難治性てんかんと重度の脳性マヒのある子ども

筆者らは、重い痙直性四肢マヒや弛緩性マヒをもち、乳児期にウエスト症候群（点頭てんかん）を発症した臥位を基本姿勢とする（自ら座位をとることが難しい）子どものなかに、一定の言語の認識をもつグループがいることを見出し、「みかけの重度」問題とあえて呼称して、その発達診断の方法について報告してきた。その多くは、それまで乳児期、なかでもその前半である「回転可逆操作の階層」にあると診断してきた事例である。

契機になった事例を紹介しよう。この男児は乳児期にウエスト症候群を発症し、のちに複雑部分発作に移行して、周期的に発作が群発するようになった。低緊張が基本だが、そこに痙直性のマヒが見られる重度の脳性マヒである。頸定は不安定であり、支座位を長時間とることは難しい。小学校の肢体不自由学級に通学していたときに寝返りは可能になったが、右手拇指の指吸いを続けるようになってから非対称姿勢が固定化され、側彎傾向がしだいに顕著になってきた。それまでは、手に持たせれば対象を持続的に把握するけれど、自分からリーチングを試みて把握するという視覚と手指操作（目と手）の協応が確認しにくく、生後3か月頃の「回転軸2可逆操作期」と診断していた事例である。

養護学校中学部1年生（13歳）のときに肺炎で入院したが、退院後、登校時

にシクシクと泣くようになり、あたかも登校をしぶっているようだった。発達相談時に「学校に行くのが嫌なのか？」と問うと、それまでになくはっきりと視線を合わせてきた。「そうか嫌なのか。何が嫌なんだ。訓練が嫌なのか？」と問うと、今度はゆっくりと視線をそらせた。「小学校のときにも訓練はあったもんな」と語りかけると、今度は視線を合わせてきた。「先生が嫌なのか？」と聞くと、視線を合わせてからそらすようなことをゆっくり繰り返した。給食でむせることが多いと聞いていたので「給食が嫌なのか？」と問うと、はっきりと視線を合わせてきた。「嫌いなメニューがあるのか？」と聞くと、視線をそらせた。「なら、何が嫌なんだ。先生の食べさせ方が嫌なのか？」と問うと、しっかりと目を合わせてくるのであった。どうも、ローテーションで食事介助をしてくれる先生のなかに、むせてしまっていつも苦しい思いをする食べさせ方の先生がいるようで、そのことを非常に恐れているという彼の思いがわかった。ひょっとすると彼のなかでは、肺炎での入院とこの食べるときの苦しさが、因果関係として結びついていたのかもしれない。

　このとき彼に、言語の認識を問ういくつかの発達検査を実施してみた。「大中小」の３つの丸が描かれたカードを提示して、「一番大きい丸はどれ？」「一番小さい丸はどれ？」、さらに「中くらいの丸はどれ？」とたずねてみた。すると彼なりのゆっくりしたペースでカードをたどり、いずれも正解の丸に視線がとどまった。このような図版で「大」ではなく「小」でもない「中」を選択できるのは、通常４歳半から５歳にかけての「２次元可逆操作」の確定を待たなければ可能にはならない。さらに、50音表を示して、彼の姓と名の頭文字を問うと、やはり視線での探索の後に探し当てて、そこに視線を留めることができた。系統的な文字学習などなされているはずがない。母にうかがうと、小学校時代に文字が読め、音読学習をしている級友がおり、その学習のときにいつも近くにいた彼は、読まれている絵本に視線を向けていることが多かったという。

　このような事例がきっかけになって提起した「みかけの重度」問題は、高次の発達段階にいることを期待したうえで発達診断をやり直すことを提起したの

ではない。ましてや、子どもの発達段階に価値の高低があることなどを前提にしたものではない。その発達段階や発達の原動力の生成の状態に応じて、一人ひとりの子どもがもてる可能性を開花させるためには、何よりも私たちの発達認識が「的はずれ」であってはならないことを自戒的に提起したものであった。これらの具体的な事実を、私たちは事例報告として明らかにするとともに、その発達検査、発達診断の追試が可能なように、方法を紹介しながら研究発表してきた。ほとんどの対象児については了解を得て発達検査場面を映像として記録し、後の検討のためのデータとしてきた。

そこでの検討の結果の概略を述べれば、次のような傾向がみられた。

①半数は従来の発達診断通りの発達段階である。

②視線でカードを選択することが困難であっても、「お母さんはどこにいる？」「足を伸ばしてごらん」「もう一つの耳はどれ？」などの問いや語りかけに、ゆっくりとではあるが応えてくれる。たとえば、「もう一つの耳は？」などを問うと、最初に応答した耳と反対側の耳を示すべく頸を回そうとする姿がある。そこには、検査者の意図を理解し、受けとめて、自らの意図で応答を試みる子どもの能動性と「一生懸命」さを確認することができる。おそらく、1歳半の発達の質的転換を達成し「1次元可逆操作」を獲得した子どもである。

③「大小比較」のカードに視線で応えてくれる。しかし、同じ質問を繰り返したり、「ほんとうにそうかな？」と言ったりすると視線が定まらなくなることが多い。活動の結果を、「がんばったね」などと受容的に評価すると、いっそうはっきりした応答をしようとするが、その評価が曖昧だと不機嫌になったり、眠り込むような反応を示すこともある。特にこの段階では、脈略なく眠り込む反応のなかに、子どもの意思が込められているように見えた。おそらく、2～3歳の発達段階である「2次元形成期」の導入期にある子どもなのだろう。

④少数ではあるが、「大中小」の系列的認識を獲得しつつある子どもがいる。しかし、にもかかわらず「大小比較」で、刺激をカードからボールなどの具体物に変更したときに、応答が定まらずに動揺したりする。ドットで数を示した

カードを用いると「6つはどれですか？」などに応えて二者択一で応えることができる。しかし、「飴を二つ持っているときに、もう一つもらったら、合わせていくつになりますか？」などの算術的操作は難しい。おそらく4歳半頃の「2次元可逆操作」を獲得しつつある子どもだろう。

　これらの子どもの基本的な姿勢は臥位であり、一人で座位をとることは難しい。自発的な運動の容易ではない子どもが、なぜ身体認識を獲得できるのだろうか。通常、「手」も「足」も、その他の身体部位も、活動が自由度を増していくなかで、その活動を励まし意味づけてくれる大人の言葉かけから、子どもはその名称を学んでいく。しかも、「もう一つ」や「反対」という対の認識を獲得するには、手や足や目や耳が二つ（「対」）で存在することを、自らの活動と知覚で学習することが必要なはずだが、運動障害によって活動が制限されているということは、これらの学習の機会が制限されているということである。

　あるいは、「大─小」などの対比的認識を獲得していくには、手や道具で働きかけて素材の変化を生み、その変化を調整していく活動、素材を二つに配分していく活動、さらには「もっと、もっと」と「重みづけ」て要求する活動等のなかでの学習が一つの前提と考えられるが、「まったく」といってよいほどにその活動の困難な子どもに、なぜ対比的認識が獲得できるのか。

　それは、運動的な操作は困難だが、知覚によって外界を対象化し、他者とのコミュニケーションや共同の活動によって、あるいは教育的働きかけによって、多くのことを学習しているということだろうか。そして、それらの学習が成り立つということは、知覚したことを分類したり関係づけるさまざまなレベルの思考、そして言葉という能記（表すもの）と事物・事象という所記（表されるもの）を結びつける象徴機能を発達させているということである。

　このような学習と発達の可能性をもちつつも、「大小比較」などでみせた動揺、つまり一度正答しても再問したり「ほんとうにそうか？」と問いかけると応答がゆらぐ傾向に、彼らの発達課題が潜んでいる。ふつう子どもは、「這えば立て、立てば歩めの親心」に代表されるように、一つひとつの運動を受容・激励され

ることによって、「もっと」がんばって運動するようになる。そして、散らかす一方だった子どもが、「入れる」「渡す」などの活動を獲得し、「お片づけありがとう」などと大人に意味づけられながら、「もっと」がんばって活動するようになる。この受容・激励や意味づけ、そして「もっと」と要求することの量的な蓄積は、やがて手伝われるのを嫌い、自らの「つもり」で目的をもって生活しようとする自我を誕生させ、活動の主体としての自己を形成させていく。その自我は、自ら選択し決定する力、他者の「つもり」と自らの「つもり」を調整する力であり、同時に自らの活動に締めくくりをつけて、活動の単位を形成し、次の単位を継起させていく力でもある。この自我の誕生の過程に、運動障害の重い子どもの発達課題が現れてはいないか。

2｜レット症候群のある子ども

　筆者らは、基本的には女児にのみ発症し、発達退行が必ず起こるとされていたレット（Rett）症候群について、その運動機能における退行は避けがたいが、精神発達においてはむしろ発達がみられることを、発達診断の根拠を示して述べてきた（第Ⅱ部第6章「機能的退行の背後にある精神発達—レット症候群」で詳述する）。

　レット症候群の退行は、1歳から2歳にかけて突然のようにはじまる。手をたたき合わせる、もみ合わせるなどの常同行動の出現とともに、限られたことを除いて手の目的をもった使用ができなくなる。下肢に伸展性の緊張が亢進し、姿勢変換や歩行、這行はしだいに困難になる子どももいる。また、手の常同行動が左右非対称の形態になることなどを要因として側彎が進行する。言語や「バイバイ」などの身振りが消失し、やがてほほえみや共感的まなざしが減少することもある。手の常同行動、対人関係の障害などの現象的な特徴は、かつて「広汎性発達障害」に分類される根拠でもあった。多くの医学研究では、精神発達

は乳児期の段階にとどまるとされている。

　しかし筆者らは、いくつかの根拠によって「精神発達の退行がある」とされることに疑問をもち、言語の認識の発達を中心にした発達診断を試みた。その根拠とは、確かに手の目的をもった使用は減少するが、食べたいものには手を出したり、かゆいところを指先で上手にかくなど、対象によって手の使用があること、あるいはつかみやすい大きさや手を伸ばしやすい位置にはリーチングが出るなど、自らの能力を対象化している様子があること、外出時にはとことん排尿を我慢することができることなどのエピソードである。さらに、一定の言語に対する受容的反応がみられることなどもあった。

　次のような事例もあった。小学校の高学年での発達相談において、それ以前ならば喜んで手を出していた「起き上がり小法師」を提示すると叫ぶように怒りだし、何かを訴えているかのようであった。その頃私たちは、重い脳性マヒなどの子どものなかに、言語の認識が可能な事例があることを発見し始めており、同様の傾向があるかもしれないと直感した。試みに「K式乳幼児発達検査」（「新版K式発達検査2001」）の「絵単語」の2枚のカードを並べて、「どちらが傘ですか？　どちらが魚ですか？」などと問うてみた。すると、上体を揺らしながらも視線で的確に選んでくれるではないか。そして「どちらの丸が大きいですか？」と問う「大小比較」も、「大」と「小」の丸をそれぞれに描いた2枚のカードから正しく選んだ。さらに「飴を二つ持っているときに、もう一つもらったら全部でいくつ持っている？」などの問いに、ドットで数を表したカードから正解を選んでくれたのである。しかも、もみ合わせている常同行動の手を苦労して解き、上体を前屈させながら左手で正しい方のカードに触れようとするのであった。おそらく、学力の形成が可能な発達段階に到達しつつあったのであろう。自分の本当の力や可能性を、今こそ示さなければならないというような気迫のこもった彼女の姿は、今でも思い出される。

　この検討は、現在も進行中であるが、およそ次のような傾向がみられた。
　①「お父さんはどこ？」などの問いに、上体を動かし視線でゆっくり応えて

くれるが、そのような言語で認識できる対象が限られているグループ。これから1歳半の発達の質的転換を達成しようとしているとみられる。

② たとえば2枚のカードを提示し「自転車はどっち？」などと問うと、ほぼ確実に視線で応えてくれ、「足はどれ？」などと問うと、視線を下に向けたり、常同行動している手で腿をたたくような反応をしてくれるグループ。このグループは、「もう一つの耳は？」「反対の耳は？」などと問うと、頸を回して「反対」を相手に見せようとするような反応もみせるものが多い。おそらく、すでに1歳半の発達の質的転換を達成しつつあるのだろう。

③ 「大小比較」の理解を問う2枚のカードを頻回に見比べ、正答のカードに視線を置くグループ。ただし、自信なさそうに付き添いの母親を振り返ったり、歯ぎしりを強めたり、「本当にそうかな？」などと言葉を返すと、視線が定まらなくなってしまうこともある。おそらく、対比的認識を獲得しつつある2～3歳の発達段階にいるのだろう。

④ 「大小比較」などの対比的認識を確実に獲得し、さらにドットで数を示したカードから、10までの数を選択できるようなグループ。「大中小」の系列的概念や、「5までの加算」への応答も可能なことが多い。このグループは、5歳くらいからの系列的認識と書き言葉の獲得が進む文脈形成が可能な発達段階にいるとみられる。

バランスの調整が不安定になっている歩行、手のリーチングの減少、「入れる」「渡す」「載せる」などの目的的な手指の操作や道具の操作の消失、発語の減少、身振りの消失など、運動や手指操作、コミュニケーションなどの特徴から乳児期の発達段階と診断されていたレット症候群のある子どものほとんどが、上記のように言語の認識の可能な発達段階にいた。経過観察を続けると、この言語の認識は発達していくことが確認できる。このように発達段階が診断・評価されることによって、手指の常同行動、歯ぎしり、ロッキング様のからだの常同行動などが、思い通りに自己表現できないときや不本意な状況に置かれたときなどに強くなることも見えてきた（瀧口直子「手もみは心のメッセージ」井上・瀧口・白石『発

達相談室の窓から』クリエイツかもがわ、116-136ページ、1999）。

3 | 道具的操作が未獲得でありながら
対比的認識を獲得しつつある知的障害の子ども

　さて、このように検討を進めるなかで、以下のような事例にも到達した。「入れる」「渡す」「載せる」などの定位的活動が量的に拡がらず、箸やスプーン、えんぴつやクレヨンなどを使う道具的操作が獲得されていないにもかかわらず、実は言語の認識の一定のレベル、特に「大小比較」などの対比的認識を獲得しつつある子どもについてである。この事例の多くは、たとえば器に物を入れ、それを振って音に聴き入る、自己刺激的にリズミカルに口に指を入れる、紙などを破る、水道や桶の水をたたき、飛ばすなどの行動を続け、視線を交わしての共感的な対人関係の形成がみられにくい子どもでもある。そのような行動特徴もあって、発達段階は総体的に1歳半の発達の質的転換を達成しておらず、乳児期後半である「連結可逆操作の階層」にある重度の知的障害と診断していた子どもであった。

　実は、これらの子どもの特徴的な行動と、その発達診断の難しさに注目して、筆者らはそれまでいくつかの検討を行っていた。

　第一は、自閉症と診断される子どものなかに、閉鎖的な空間にこもる、衣類や毛布を被る、特定のモノを放るなどという常同行動を示し、不安や苛立ちの強いグループを見出し、それらの子どもに比較的共通してみられる脳波の傾向とともに報告していた。これがローランド発作波をもつ自閉症児である。

　第二は、15番目染色体に部分欠失のあるアンジェルマン（Angelman）症候群の子どもについてである。小さな刺激に対しても「笑い」が突発的に生じ、かつ静まらない。手の触刺激への強い過敏性をもち、両手に物を持つことが難しく、持てたとしても正中で合わせることをしないなどの行動特徴がある。その一方で、「入れる」「渡す」活動は獲得している（第Ⅱ部第4章「1歳半の発達

の質的転換期における『発達の障害』―アンジェルマン症候群の初期発達」で詳述する)。

　第三は、結節性硬化症をベースにもち、ウエスト症候群、レンノックス症候群、複雑部分発作などを発症し、発作が重積状態を示しやすい子どものなかに、発作の増悪とともに共感的なまなざしやほほえみが減少し、音の鳴るおもちゃで遊び続けるような自閉的傾向を合わせ持つグループがある。その一つの特徴として、田中昌人らのいう「可逆対追視」「可逆対把握」の不安定さを報告したことがある(第Ⅱ部第3章3「結節性硬化症を基礎疾患とする難治性てんかんの子どもの乳児期後半の発達段階(『連結可逆操作の階層』)への質的転換における『発達の障害』」で詳述する)。

　以上の子どもは、ほとんど歩行を獲得し顕著な運動障害はない。しかし、その行動特徴ゆえに道具の操作を試みることはまれである。このような発達診断結果を横に置いて、生活の過程に目を転じると、「1歳半の発達の質的転換を達成していない」との診断とは符合しないいくつかのエピソードがあり、その解釈に窮することがあった。

1. 事例の検討

　重度の脳性マヒと難治性てんかんの子どもやレット症候群の子どもの発達診断に対する反省もあり、このような顕著な肢体障害はもたない子どもの発達診断にも再検討を加えることになった。

　発達相談室で経過観察してきた事例について、①発達検査と発達診断の継続的資料、②家族からの聴取による生活過程での活動の状況とその変化の資料、③言語の認識を問う発達検査と発達診断の資料を検討の対象とした。検査の下位項目の多くは「K式乳幼児発達検査」(「新版K式発達検査2001」)を用いるが、田中昌人らの『子どもの発達と診断第1〜5巻』(大月書店)を参考にして、独自の視点で発達診断を行ってきた。ここでの紹介は、以下の3事例である。

事例1　手の自己刺激的な常同行動、自閉的傾向のある男児
事例2　アンジェルマン症候群のある男児
事例3　結節性硬化症のある女児

事例1　（12歳8か月　男児）

(1) 成育歴

　頸定6か月、這行1歳2か月、歩行3歳。乳児期にあやすと笑うことはあったが、自分から他者にほほえみかけることはなかった。乳児期には母親から視線を合わそうとすると、そらすことが気になった。2歳頃より母親の手をもって絵本を取らせ、「読め」と要求するような「クレーン現象」が出現した。その頃より仰臥位で踵を畳に打ちつけたり、両手をヒラヒラさせたり、打ち合わせる常同行動が出現した。後に、両手を口に入れるリズミカルな常同行動になり、長く続いた。脳波には、徐波の目立つ傾向はあるが、棘波はなかった。
　母子通園を経て3歳後半より保育所に入所し、知的障害養護学校（当時）に就学。

(2) 発達の特徴的経過

　2歳で器から積木を取り出すことはできるようになっているが、今日まで、両手に積木を持って打ち合わせるような「合わせる」活動、「定位的活動」はみられなかった。したがって、発達検査のなかで「ちょうだい」という指示に応えて、「入れる」「渡す」ような活動も確認できていない。「K式乳幼児発達検査」の「鐘」に手を出すことはしたが、それを振って音を出すようになったのは6歳中頃であった。明らかに対象への操作は、生後9か月頃である「示性数2可逆操作」までの特徴で経過してきている。
　しかし立ち入って検討してみると、4歳後半でたとえば鐘とガラガラを両手に持ち、一方を落とす活動を行うようになり、そこには選択の意思があるようだった。また、両手で抱えるようにボールを持っているときに「ポイしてごらん」と求めると、そのまま何かを訴えるように検査者の顔を見続けた。そこにはボール

を放せないことを伝えようとする思いを感じることもできた。

　生活過程では、2歳において、「ごはん」「本」「ビデオ」「お風呂」「園に行こうか」などの言葉を理解して反応し、前を触って排尿を知らせるしぐさをするようになった。

　3歳：大好きな歌の本を引っ張り出し、特定のページを開いて「歌え」というように母親に催促し、本人の期待と異なった歌を歌うと怒り出した。お茶の容器に触れる、パンが置いてある場所に行く、水道の前に行って手を合わせるなどの手段で要求伝達できるようになった。

　5歳：保育園の散歩の道順を理解し、特定のコンビニと銀行に入らないと気がすまなくなった。家でも遠くのマーケットまでの道を覚えており、その前を通っても入店しないと怒り出した。

　6歳：読んでほしい本の種類が拡がり、散歩の道も言い聞かせると変更を受け入れられるようになってきた。

　7歳：好きではなかったミカン、ヨーグルトを我慢して食べられるようになった。この頃「目の勢いが出てきて、目で訴える」との母親の報告があった。

　8歳：本の取り合いを学校の友だちとするようになった。家でも弟と親の間に割り込んでくるようになった。母親の膝のみならず、検査者の膝にも身をまかせて、上手に甘えられるようになった。

　9歳：外へ出たい要求でも、手を引く、靴を持ってくる、押し入れからリュックを出す、ジャンパーを持ってくるなど、表現が多様になってきた。要求の表現がしつこくなって、あきらめないことが多いと母親の報告があった。

　10歳：靴下を脱ぐ、バナナを一皮むいてやると後は自分でむく。牛乳や本を運んで、置くことができた。五味太郎さんの絵本が好きになった。歌にハミングで調子を合わせるような発声が出るようになった。

（3）言語の認識を問う発達検査への反応

　11歳11か月にて実施。相談室に入室するなり絵本を引っ張り出し、母親に差

し出して読めというように要求。15分ほどそれに応じてから発達検査への導入を図る。

「身体各部」を問うてみる。「手は？」に、両手を1回打ち合わせてから、右手を一瞬挙上。「足は？」に、左手で左足に軽く触れる。「反対の足は？」に、少し間をおいて座り直してから、右手で右足に触れる。「口は？」に、両手で口に触れるが、日頃の指すいの常同行動と区別しにくい。「鼻は？」に、母親の鼻に右手を伸ばす。「目は？」に、歩き回りつつ、なぜか戸口に向かって、瞬きを頻回にする。これらはすべて一瞬ともいえる動作であり、ビデオの記録で確認を行った。

「大小比較」を「大」と「小」が2枚に区分されたカードで問うと、あえて背這いになって床上に提示したカードに接近し、「大」を取った。再問すると立ち上がってウロウロと歩きつつ、「大」を取った。

事例2　（12歳5か月　男児）

(1) 成育歴

アンジェルマン症候群。つかまり立ち、這行2歳後半、歩行4歳10か月。1歳まではモノへの手のリーチングはせず、上体を前屈して口を直接もっていく。

肢体不自由児通園施設を経て、養護学校（当時）に就学。

(2) 発達の特徴的経過

2歳前半より、「ちょうだい」に応えて手に持った積木を検査者に渡したり、器に入れられるようになった。同様に小鈴を瓶に入れようとするが、うまくいかないと自分の口に入れた。しかし、この時点で、両手に積木を持つことはできても、それをからだの正面（正中）で合わせたり、打ち合わせることはしなかった。2歳後半より、左手のガラガラを右手のガラガラに打ちつけるようになった。正中で両手に持ったものを合わせるようになったのは、3歳中頃である。これは「両手の打ち合わせ」が容易ではないアンジェルマン症候群の一般的な特徴よりも早い。4歳前半より左手に色鉛筆を持ち、横方向のなぐり書きができるようになっ

た。5歳より「指さし」が出現し、あれこれと指さして相手の反応をみるようになった。また「○○はどれ？」に応える指さしもする。9歳中頃より、積木を一つ積むが、もう一つ積むことを求めると拒否した。「はめ板回転」で「お手つき」しつつも、入れかえて正答できるようになった。

生活過程では、2歳で妹が生まれ、親が妹の名前を呼ぶと、自分も呼んでほしいと言わんばかりに母親の顔を見た。妹に自分からおもちゃをさし出していった。

3歳：「バイバイ」「キレイキレイ」「電話をかける」などを身振りで表現するようになった。

4歳：指さしで指示したものを持ってきてくれるようになった。スプーンとフォークが置いてあっても、箸を使いたがった。

5歳：電池を入れないと動かないおもちゃに電池を探してきた。一つでは足らないとわかると、もう一つの電池も探してきた。

6歳：妹に一方的に関わろうとすることが増えた。たとえば、車から降りないなど、生活の節々で要求がはっきりし、「我」を通そうとした。

7歳：大人の言っていることや状況を理解して、たとえば食事になると自分でエプロンを運び、ジュースを注ぎたがった。学校では友だちとおもちゃの取り合いをするようになった。

8歳：妹や生まれたばかりの弟にちょっかいをかけて、手加減できなくなってしまった。生活発表会で、母親がいるのをわかっても、動揺せずに演じきれた。

9歳：生活のなかでの理解言語が拡がった。

10歳：弟（3歳）に手を出すようになり、叱られると意地になってさらに手を出した。妹には手を出さなくなった。

11歳：学校で友だちの車いすを押したがるようになった。

(3) 言語の認識を問う発達検査への反応

11歳7か月にて実施。食べ物の模造品を並べて、「○○はどれ？」と問う。「イチゴ」「ミカン」「ホットケーキ」「ハンバーガー」などを選択できる。「大小比較」

を2枚に区別したカードで問うと、1答目で正答のカードを取るも、応え終わると、そのたびに絵本やおもちゃを出してきて遊ぶ。そのまま3〜4分待つと、意を決したように再びカードに手を出してくれる。結果として、「大小比較」に3回正答。寝転んだり、靴に手を出したりしながら、応えてくれる。誤答のカードに手を出そうとしてから、手を引っ込めて笑うこともあった。わざとそうしていると思われた。

事例3　（11歳0か月　女児）

（1）成育歴

生後2か月半でウエスト症候群（点頭てんかん）を発症。後に、結節性硬化症であると診断される。寝返り8か月、這行1歳、つかまり立ち2歳、歩行5歳。ウエスト症候群に対して、生後2〜4か月、2歳5〜6か月にACTH療法が行われる。

知的障害児通園施設を経て、肢体不自由養護学校（当時）に就学する。

（2）発達の特徴的経過

両手に持った積木を正中で打ち合わせることは、1歳8か月でできるようになったが、てんかん発作の増悪とともに再びしなくなる。ACTH療法を経て、2歳7か月より再びできるようになった。この時期より鏡に映っているものを振り返って実物の存在を確かめようとしたり、手に持った鐘を持ちかえて遊ぶようになった。4歳より、鏡にボールを押しつけて、鏡像と実物の関係を見て遊ぶようになった。5歳後半より、小鈴を右手で把握して瓶に入れようとした。この時点では、積木を器に入れることには応じようとしなかった。6歳の後半になり、「コロコロしてごらん」とボールを転がすように手を差し伸べたときには応えなかったが、検査者が記録のためにカルテに向かっていると、突然放り返した。7歳の後半になって、求めに応じて積木を器に入れるようになった。ボールをいずれの手でも、机に打ちつけるようにして放せるようになり、うれしそうにした。9歳になると、

「ちょうだい」に応じて相手の手の上で放るように離そうとした。

　生活過程では、2歳にて食事を作るのが遅くなると母親に向かって発声して怒りを表現するようになった。そのころ脳波が悪くなりはじめると、おもちゃの電話のダイヤルを回し続けたり、受話器の紐で遊び続けるような片手操作の常同的活動が増えた。一方ACTH療法のための入院生活で、病院給食の放送があると、両手をふって喜ぶようになった。母親が洗濯物をたたんでいると寄ってきて、赤い衣類に手を出した。

3歳：食べ物の好き嫌いがはっきりしてきた。父が外出して、自分を連れて行ってくれないことがわかると泣き出した。

4歳：器のなかにモノを入れて転がしたり、器を机の上で転がして、音を楽しむようになった。

5歳：弟とおもちゃの取り合いをするようになった。

6歳：喜怒哀楽の表情の現れにくさを、母親がしばしば訴えるようになった。家のなかで、台所、洗面所などへ行きたがった。ハンガー、スリッパ、ラップなどの生活用具が好きで手にもって遊んだ。「ちゃぷちゃぷ（風呂）入ろう」などの言葉を理解して、生活の見通しをもつようになった。

7歳：弟の持っているいろいろなものを欲しがった。母親が台所にいると毎日のようにやって来て手を出そうとした。

9歳：節分の鬼の面を初めてこわがるようになった。

(3) 言語の認識を問う発達検査への反応

　10歳2か月にて実施。「鬼の面をこわがるようになった」とのエピソードや生活のなかで理解できる言葉が増えていることを母親から聞き、以下のような課題を試みることになった。

　「身体各部」を問うと、「お口は？」で、検査者の口に右手で触れる。「K式乳幼児発達検査」の「絵指示」の課題で「犬」と「茶碗」を問うと、「可逆の指さし」はしないが、いずれもしっかり注視する。そこで、「絵単語Ⅰ・Ⅱ」の刺激図版

12枚を2枚ずつの「対」にして提示し、「〇〇はどれ？」と問うと、すべての正答のカードを右手で取ることができた。「大小比較」「長短比較」を2枚に区分したカードで問うと、いずれも間をおかずに正答のカードを取ることができた。「色の名称」を問うと、はじめは視線が定まらなかったが、一つひとつの名称を教えてから問い直すと、「赤」と「緑」は注視して応えようとした。このときは座位で足が手の上にのって抜き取れない状況になったが、体軸を傾けて姿勢を直し、抜き取ったその手で応えようとした。

2. 発達診断の視点と教育指導

● 事例に共通する傾向

3事例に共通する傾向を探るなら、まず低緊張による這行や歩行の遅れと、伸展性の緊張や失調が混在している現在の歩行姿勢があろう。しかし、このような運動の特徴よりも、手の活動における左右の手の機能の分化と協応の制約が顕著である。

事例1は、両手を振ったり、両手を口に入れるような常同行動は幼児期から形成されているが、左右の手を順次に対象に伸ばして、両手に対象を保持することは今もみられない。

事例2は、アンジェルマン症候群のある子どもに共通してみられる傾向だが、手の触刺激への過敏性が強く、特に乳児期には食べ物であっても対象へのリーチングを躊躇した。両手にそれぞれ把握、保持することができるようになったのは、1歳の後半、両手に持ったモノを正中で合わせられるようになったのは、3歳の中頃である。「ちょうだい」に応えられるようになったのが2歳の前半であったから、発達の順序性における逆転現象ともいえる。「入れる」「渡す」という「定位的活動」は獲得されているが、手のモノを器や相手の手に合わせて操作するという調整が難しいからか、検査用の一辺が2.5cmの小さい積木では、続けて積むことを躊躇した。おもちゃとして市販されている一辺が5cmの大きい積木

なら、続けて積んだ。

　事例3は、両手に持ったモノを正中で合わせることは、1歳後半にできるようになっているが、てんかん発作、脳波の増悪とともにいったんは消失する。そんなときたとえば、おもちゃの電話のダイヤルを回したり、受話器の紐で遊ぶような右手のみによる片手操作の活動が顕著になった。ボールを放る、積木を器に入れるような活動ができるようになったのは、6歳からであった。

　障害がない場合、左右の手が各々対象に接近して把握、保持し、正中での調整ができるようになるのは、生後9か月頃の「示性数2可逆操作」の獲得期である。その上で、手に持ったモノを相手の手につけたり、器に入れたりする「定位的活動」を、生後10か月頃の「示性数3形成期」から試みるようになっていく。事例には、この過程の顕著な遅れや発達の逆転現象がみられた。

　このような全身運動も含めた「不器用さ」(clumsy) ゆえに、対象3事例の発達診断は、いずれも1歳半の発達の質的転換を達成していないと判断してきた。

● **発達診断の問題**

　しかし、保護者からの聴取による生活過程での子どもの変化は、そのような発達診断とは明らかに食い違うようになっていった。

　事例1は、2歳から生活のなかで理解できる言語が増え、かつ対象に触れるという直接的手段のみならず、手を合わせることで要求を表現するなどの間接的な表現手段で要求を伝達することもできはじめていた。そして、読んでほしい本のそれぞれのページと読み聞かせや歌の内容の対応関係が、しだいに明確になっていった。散歩の道順も記憶し、立ち寄りたいところをはっきり要求するようになっていった。

　事例2は、4歳でスプーンよりも箸を使いたがり、このおもちゃを動かすためには、二つの乾電池が必要であるというような因果関係を認識するようになっていた。場面とそれに対応する必要な道具などの因果関係の認識や理解言語は、年齢とともに拡がっていった。

事例3は、2歳で病院の給食を告げる院内放送を理解し、手をたたくことで期待を表現できるようになっていた。6歳頃から、生活道具そのものや、洗面所、台所などの生活道具の置いてある空間に興味をもち、手を出したり移動するようになっていった。やがて、母親の台所しごとに近づこうとするようにもなった。9歳になると、鬼の面を怖がるようになったという。このような事物がもつイメージに対して得体が知れないゆえの恐怖を覚えるのは、障害がない場合、2歳頃からである。

　このように、振り返ってみれば生活過程のなかでさまざまな発達の事実をあげることができるが、その事実に忠実になれないほどに、発達検査の反応としてみられる活動の様式は、1歳半の発達の質的転換の困難を示すものだった。運動障害があれば手の活動も制約され、手指操作のレベルから発達を診断することは難しいと考えることもできる。しかし、この3事例のようにマヒなどの運動障害が顕著ではなく、対象を操作する活動がある程度は獲得されている場合に、発達検査での手指操作の課題（「K式乳幼児発達検査」では「認知・適応領域」に分類されるもの）への反応などが発達診断の中心的な情報になってくる。

　このような発達診断の背景にあり、克服が必要な問題を率直に述べよう。第一は、生活過程から得られる情報と発達検査、発達診断で得ている情報の「くいちがい」を尊重し、検討していく姿勢が必要であるということ。それは、生活過程から得られる情報を過小評価したり、発達検査での情報を絶対化する傾向を戒めることでもある。

　第二は、このような手指操作のレベルが、外界への認識や言語による認識などの発達と、互いに他を不可欠とするような分かちがたい連関を示すものではないということである。これは、すでに機能障害の重い子どもやレット症候群の子どもの発達診断においても示された事実であった。発達を、機能・能力を構成するいくつかの領域の連関と媒介によって成り立っている過程とみるのが発達連関の視点である。障害のある子どもの場合には、機能間に神経学的な要因をもった「ずれ」が生じやすい。このような「ずれ」が発達連関において「発

達の障害」を引き起こす要因になるのは、すでに述べたように、発達の質的転換期において「可逆対操作」およびそれに含まれる人への志向性が制約されて「ずれ」が出現する場合であった。それとは異なり、「みかけの重度」問題として提起してきた事例は、運動や手指操作などの機能が、脳性マヒなどの障害によって制約され、結果として、その他の認知、コミュニケーション、感情、自我などの諸機能と、通常の発達過程とは異なるという意味での「ずれ」を現出している場合である。このことによって、次の視点が導き出される。

　第三は、障害による制約を発達の遅滞現象と混同してはならないことである。「ずれ」は、子どもの発達を診断する私たちの視点を現象的な事象に引きつけ、潜在している機能・能力への視野を制限する要因になる。3事例では特に、両手に持ったものを正中で合わせるような両手の機能的分化と協応の獲得されていく初期の過程に、障害の特徴が現れている。おそらく正中で二つの対象を合わせる操作には、活動を企図し、活動を調整的に制御していく力をみることができるのだろう。マヒのような不随意運動による運動障害ではないが、企図したとおりに合わせたり、放したりする手の調整的な操作を行うことができないという発達的失行（apraxia）が存在している。この発達的失行を機能・能力の未獲得である発達の遅滞と混同する傾向が、少なからず存在するのではないか。

●発達診断と教育指導の接点を探る

　3事例の生活過程での変化を検討することで、発達診断の精査のための情報だけではなく教育指導上の手がかりが導き出される。それは、人間関係の拡大とそれを媒介にして広がる活動対象の発達的変化である。

　事例1は、8歳頃から、学校の友だちと好きな絵本の取り合いをするようになった。家では、弟と母親の間に割り込み、自分の位置を確保しようとするようになった。このような意志の芽生えとともに、嫌いなミカンやヨーグルトを我慢して食べるようになったり、散歩の道の変更も、言い聞かせればできるようになった。

　事例2は、6歳頃から妹に関わろうとし、弟の誕生とともにその要求はいっそ

う高まった。しかし、妹との力関係を感じてか、弟にのみ「ちょっかい」をかけるようになり、手加減できなくなってしまった。一方学校では、友だちの車いすを押そうとするようになった。

事例3は、弟の誕生とともに、5歳頃からおもちゃの取り合いをするようになり、弟の持っているものは何でも欲しがるようになった。そして、先述のように、生活の道具や母親の台所しごとに興味をもち、接近するようになった。

3事例ともに、「自分の！」「自分が！」という要求の主体、いわば意志をもって生きる自我を芽生えさせ、偶然にも長男、長女としての姿をあらわにしている。あるいは、事例2は、学校においても、車いすの仲間に興味をもつようになっている。事例3は母親を媒介にして、生活の道具や活動への興味を拡げている。生活の活動や道具に意味や価値を見出し、その意味や価値を生産する主体になることを求めるようになるのは、1歳半の発達の質的転換を達成していく過程においてである。

事例1は、「入れる」「渡す」という「定位的活動」が確かになっているわけではないが、牛乳を運んだり本を運んだりという、「運ぶ」「渡す」「入れる」活動を積極的に取り組んでいる。手指操作は「不器用」であっても、発達段階を反映して本人の要求になっていることを中心に活動の組織がなされているようだ。手指操作や運動能力の制約ばかりに目を奪われないで発達要求を見出したことが、「ずれ」に働きかけていく指導の手がかりを与えてくれている。発達段階を反映した発達要求に依拠しながら、制約された機能・能力も大切にしていくという、「ずれ」を分断しない指導が求められている。これは「発達の進んでいるところを手がかりに、遅れているところをひきあげる」と表現されるような視点とはまったく異なったものである。

事例2は、学校生活のなかで、「見通しがもちにくい、気持ちが切れやすいので、カードや具体物で見通しをもたせる」指導を受けているようだが、我々の発達相談室のなかでの姿から、「できるか―できないか」という自分の活動の結果への見通しが不確実なときに、課題を回避するようにおもちゃや絵本に手

を出している。おそらく「気持ちが切れやすい」わけではないだろう。それは、不確実な自分への不安をのりこえていくためのエネルギーをためこもうとするような姿であった。このような「間」を指導が誤解したり、指導が「間」をもてない対応になることもある。その発達検査のビデオを担任教師とともに検討し、単に子どもの反応を「待つ」だけではない、ともに葛藤をのりこえていく「間」をいかにつくるかを、今後の指導課題にすることになった。発達的失行があること、「不器用」であることを対象化する（自ら見つめる）発達段階にいたると、指導にはこのような心理を的確にとらえることが求められる。エネルギーをためこもうとする姿は事例1にもみられる。

事例3は、生活の道具や生活の「しごと」に興味を高めている。しかし、転倒性の発作があるので、家族は事故を恐れて子どもを台所に近づけることを躊躇してしまう。そんな生活の現実に目を向け、学校教育において子どもの発達要求を実現できる教育内容を期待したい。

[文献]

井上美子・瀧口直子・白石正久編著（1999）『発達相談室の窓から—障害児医療と発達相談』クリエイツかもがわ。

白石正久・瀧口直子（1994）Rett症候群児の発達的検討（Ⅵ）……言語認識の可能性、日本特殊教育学会第32回大会。

白石正久（1994）『発達障害論・第1巻—研究序説』かもがわ出版。

白石正久・瀧口直子（1995）『レット症候群の発達的検討』（友久久雄編、自閉性障害児と教育効果に関する研究、第6章、pp.231-280）多賀出版。

白石正久（1996）結節性硬化症の発達的検討（1）、日本特殊教育学会第34回大会。

白石正久（1996）自閉性障害児の発達障害（2）—ローランド発作波と特異な不安を有する群について、日本教育心理学会第38回総会。

白石正久（1997）重症児の発達と教育の役割（三木裕和・原田文孝・白石正久・河南勝著『重症児の心に迫る授業づくり』第3章、pp.261-281）かもがわ出版。

白石正久（1997）レット症候群とアンジェルマン症候群—その発達障害について、障害者問題研究、第25巻第1号、pp.14-30。

白石正久（2005）重度自閉症の行動と発達、障害者問題研究、第33巻第1号、pp.10-17。

白石正久（2013）重症児の発達診断についての実践的研究、障害者問題研究、第41巻第3号、pp.34-41。

第Ⅱ部

重い機能障害のある子どもの発達診断

【応用編】

第3章
生後4か月頃の「生後第1の新しい発達の原動力」の発生における「発達の障害」
——ウエスト症候群（点頭てんかん）・結節性硬化症

1 難治性てんかんと発達

　難治性てんかんを発症することによって、「発達の障害」が発症する可能性は、てんかんの類型、初発年齢などに関連して一様ではない。「発達の障害」が発生する割合は、原因となる病変を認めない原発性全般てんかんでは低率であるのに対し、器質的な病変がある症候性（続発性）全般てんかん、特にウエスト症候群（West Syndrome、点頭てんかん）やレンノックス・ガストー症候群（Lennox-Gastaut Syndrome、以下ではレンノックス症候群）では高率になる。ウエスト症候群やレンノックス症候群は、早期乳児てんかん性脳症とともに、「年齢依存性てんかん性脳症」と称され、好発年齢[註10]や加齢にともなう変容をみせるとされる。他のてんかん類型においても、年齢との関係で病像をとらえていくことが重要視されるようになっている。今後は、生活年齢との関連にとどまらず、中枢神経系の成熟を反映するであろう発達年齢との関連で検討がなされていくことも必要である。

　てんかんと関連する「発達の障害」への教育的なアプローチのためには、てんかんの発症や症状の変化にともなって、発達過程に生起してくる傾向や問題をとらえることが、まず求められる。

　第一は、てんかんによって、発達の遅滞がもたらされているかどうか、すなわち発達への制約がどの程度みられるかということである。てんかんを発症し

ても、発達の遅滞は必然的にもたらされるわけではない。てんかんによって発達が制約されるのは、①発作の重積状態など頻回な発作によって、中枢神経系の機能や成熟が著しく妨げられた場合、②発作や持続する脳波異常によって、意識や活動が制約されたり、行動異常がもたらされたために、教育内容などの発達の外部諸条件を取り入れにくくなる場合である。乳児期に発症するてんかんは器質性病変をもつものが多く、てんかんが発達を制約する以前にてんかんの原因・基礎疾患となっているこれらの脳病変が発達を制約することが少なくない。したがって、発達遅滞の顕在化が、てんかんの原因・基礎疾患によるものなのか、てんかんの重症化によるものなのか、区別と連関においてとらえていくことが必要である。

　第二は、てんかんの発症によって、機能連関と発達連関が「発達の障害」を引き起こすような特殊な様態を示していないかということである。感覚や機能・能力の制約による外界の取り入れにくさは、情意系の発達にも外界への志向性を弱める二次的制約をもたらすことがある。また、てんかん症状が覚醒のレベルや活動の意欲低下をもたらし、外界への志向性そのものを制約することもある。このような状態が顕在化していくと、発達の質的転換を達成するための発達の原動力の発生・発展に困難が生じる。

　第一の視点は、てんかんと発達の連関を分析する巨視的視点、第二の視点は微視的視点といえよう。いずれにしても、医学的診断によるてんかんの下位分類や原因・基礎疾患の診断にもとづく分析的な研究が求められている。同時にそのような分析的研究で把握された機能連関と発達連関の特徴を、「発達の障害」の特徴として総合していく研究もすすめられなければならない。

　なお、てんかんの薬物療法による副作用の現れ方にも留意が必要である。てんかんの薬物療法は、てんかんの症状を抑制する唯一といってよい治療法である（効果が科学的に認められている食事療法やてんかんの原因になっている病巣への外科的治療もある）。医学的診断によらない主観的な判断で服薬を中断するようなことがあってはならない。しかし、一方で、使われている薬によっては、

眠気、いらいら、多動、失調などの副作用が存在することも事実である。この副作用の観察ができるのは、家庭や教育の場にいる人々である。服薬内容の変更などが、行動変化をもたらしていないかどうかをていねいに観察し、医療へ情報提供を行いたい。

さらに、指導や支援に関わる者が発作を恐れるあまり、子どもの活動、空間、人間関係の拡大を抑制せざるを得ない心理になることもある。過剰な抑制は、子どもの経験や学習機会を奪うことになり、また、子ども本人にも不安を与えるだろう。その結果としての発達の二次的制約をひき起こさないようにしたい。

2 │ 難治性てんかんの子どもの乳児期前半の発達段階（「回転可逆操作の階層」）における発達

1. はじめに

重症心身障害児がてんかんを合併している率は、脳性マヒとともに高い。しかも、出生後半年以内で発症している場合が多く、子どもは人生の早い時期からてんかんとのたたかいを余儀なくされている。てんかんを発症させる基礎疾患はさまざまであっても、重症心身障害児のてんかんの多くは、症候性全般てんかんに分類されるものである。なかでもウエスト症候群（点頭てんかん）やレンノックス症候群などの難治性てんかんが少なくない。これらのてんかんは難治であるばかりでなく、発達への負の影響が大きく、発達の停滞や退行をもたらすこともある。

ウエスト症候群などの難治性てんかんは、発達の遅れや退行という現象だけでなく、発達の原動力そのものの生成を妨げる作用をするとみられる。この発達への負の作用を認識するためには、てんかんの治療過程でみられる「発達の障害」からの改善あるいは軽減の特徴をとらえることが有効だろう。治療を基盤として改善されてくる発達の過程に、てんかんによって制約されていた諸力

を見出すことができるからである。

2．研究の対象と方法

　ウエスト症候群をはじめとする症候性全般てんかんの子どもの発達過程を検討する。ここで対象とする子どものすべてには、ACTH療法が行われている。ACTH療法は、ウエスト症候群の治療に有効とされる副腎皮質刺激ホルモンの短期集中療法であり、即効性がある。投与開始後2週間以内に発作が消失することが多い。日本では、人工合成の「コートロシンZ」が使用される。1日1回筋注で投与し、2週間は連続投与、その後、しだいに間隔をあけていく。注射開始後に、不機嫌、過剰な興奮、睡眠寸断、体重増加、ムーンフェイス、血圧上昇などの副作用が現れる。

　この治療前、治療中、治療後の発達経過を分析することで、このてんかんによって制約されていた発達の諸力をうきぼりにすることができ、さらに発達が改善していくときの機能連関と発達連関の特徴を短期間でたどることができる。

　対象児は筆者が発達の経過観察に携わっている36名である。年齢は、1歳5か月から10歳6か月で、男児16名、女児20名、ACTH療法開始時の年齢は、3歳未満が26名、3歳以上が8名である。

　治療前の発達特徴は、一言で言うならば、生後4か月頃からみられる自ら相手にほほえみかけたり発声したりする自発的なコミュニケーション手段、すなわち田中昌人らの言う「人知り初めしほほえみ」の獲得を課題としている子どもである。

　表3のような観察項目（第Ⅰ部第1章「発達検査と発達診断の基本的な方法」を参照）を設定し、①姿勢の発達、とりわけ仰臥位における自由度のある対称位の獲得、②視覚、聴覚で外界の対象を捕捉する力の発達、③手指で外界を志向する力の発達、④「人知り初めしほほえみ」などの相手との情動的交流の発達の4つの機能領域とその相互の連関から発達を検討した。

治療効果をみるための観察を実施したのは、ACTH療法終了後、おおむね1か月を経過した時点である。これは、治療後の発達を検討するには各種の副作用が軽減して、最も適切なときだからである。

表3　観察項目と観察の視点（特記していないときは仰臥位での観察）

	観察項目	観察の視点
姿勢	仰臥位の対称位への志向	● 頭が左右のどちらか一側に向いていることが多いが、刺激に応じて反対側へも向けることがある
	仰臥位の対称位	● 頭が刺激に応じて、正中、左右いずれをも向ける、上下肢とも対称的に動かすことができる
	仰臥位での手と手合わせ	● 両手が胸、または顔の前でふれ合う
	伏臥位の肘支位	● 膝、胸、前腕でからだを支える
感覚	左右の一方追視	● 胸上の赤い輪を正中から、左右いずれかの方向へ90°以上追視し、正中へ戻る
	左右の往復追視	● 胸上の赤い輪を正中から、左右いずれの方向へも90°以上追視し、正中へ戻る
	頭足の一方追視	● 胸上の赤い輪を正中線にそって頭足いずれかの方向へ90°以上追視し、胸上へ戻る
	頭足の往復追視	● 胸上の赤い輪を正中線にそって頭足いずれの方向へも90°以上追視し、胸上へ戻る
	鐘鳴の音源把握	● 耳のそば7～8cmのところで鐘を鳴らしたとき、左右いずれの方向も見ようとする
	聴覚性瞬目反射	● 耳から30cm離れた子どもの視野外で検査者が拍手したとき、左右いずれの方向でも目をつぶる
	視覚性瞬目反射	● 眼前10cmのところへ検査者の手掌を急に近づけたとき、目をつぶる
手指	ガラガラ両手把握	● ガラガラを両手に持たせると、しっかり握っている
	ガラガラ引き戻し	● 両手に握っているガラガラを橈骨側方向から取り上げようとしたとき、しっかり握って抵抗する
	ガラガラ自分からつかむ	● 2本のガラガラを胸上正中で鳴らしながら提示したあと、一方を左右いずれかの手の近くに提示したとき、自分からつかもうとする
交流	ほほえみかえし	● 呼名やあやしかけに応じて、相手にほほえむ
	発声かえし	● 呼名やあやしかけに応じて、相手に発声する
	動く人を追視	● 頭上などを動く母親などを追視しようとする（聴取情報でも可）
	人声へ顔を向ける	● 母親などの声のする方へ頭を向けようとする
	自分からほほえむ	● 子どもの方からほほえみかける
	自分から発声	● 子どもの方から発声する
	鏡の自像にほほえむ	● 鏡に映った自分の像にほほえみかける
	「イナイイナイバー」に笑う	● 検査者が自らの手と顔で「イナイイナイバー」あそびをしたときに、それを見てほほえむ

3. ACTH療法と発達の変化

　図5に、ACTH療法後の4つの領域での観察項目の通過状況を示した。斜線は、ACTH療法（以下では治療と略して記す）を経て、その観察項目を新たに通過した対象児の人数を表している。したがって、斜線部の割合によって、治療効果が発達的変化にどの程度現れたかをみることができる。

（1）結果
・姿勢の発達

　「仰臥位での対称位」を獲得していたのは、16名（44.4％）、このうち治療中に獲得したのは7名（19.4％）であった。また、左右いずれかの方向への非対称位を基本としつつ、刺激に応じて反対側へも向くことができる「対称位への志向」を見せたのは、18名（50.0％）である。「対称位への志向」を見せた対象児は、対称位の獲得にはいたらないが、頸部・上下肢を中心にした活動の自由は確実に拡大していた。

　「伏臥位での肘支位」を獲得していたのは、20名（55.6％）である。このうち治療前に獲得していたのは9名（25.0％）、したがって治療中に獲得したのは、11名（30.6％）である。

・視覚、聴覚の感覚系の発達

　「左右への往復追視」ができたのは、15名（41.7％）、このうち治療中にできるようになったのは、9名（25.0％）である。これに対し、頭足方向への往復追視ができたのは、8名（22.2％）と低率である。

　「鐘鳴の音源を視線でとらえること（音源探索）」ができたのは、14名（38.9％）、このうち治療中にできるようになったのは、9名（25.0％）である。

　「聴覚性瞬目反射」を獲得していたのは、16名（44.4％）、このうち6名（16.6％）が、治療中に獲得している。

・手指で外界をとらえる力の発達

　ガラガラを両手とも把握し続けることができたのは、33名（91.7％）、このうち16名（44.4％）は治療中にできるようになっている。「ガラガラの引き戻し」ができたのは、17名（47.2％）、このうち9名（25.0％）が治療中にできるようになっている。手の近くのガラガラをつかむことができたのは、16名（44.4％）、このうち11名（30.6％）が治療中にできるようになっている。

・相手との情動的交流の発達

　あやしかけに「ほほえみかえす」ことができたのは、30名（83.3％）、このうち11名（30.6％）は治療中にできるようになっている。あやしかけに「発声で応える」ことができたのは、30名（83.3％）、このうち16名（44.4％）が治療中にできるようになっている。「動く人を追視」できたのは、21名（58.3％）、このうち5名（13.9％）が治療中にできるようになっている。「相手の声のする方へ顔を向ける」ことができたのは、33名（91.7％）、このうち18名（50.0％）が治療中にできるようになっている。

　相手の顔を見て、「自分からほほえみかける」こと（「人知り初めしほほえみ」）ができたのは18名（50.0％）、このうち11名（30.6％）が治療中にできるようになっている。相手の顔を見て、「自分から発声する」ことができたのは12名（33.3％）、このうち9名（25.0％）は、治療中にできるようになっている。「鏡の自分の像にほほえむ」ことができたのは、13名（36.1％）、このうち11名（30.6％）が治療中にできるようになっている。「イナイイナイバー」遊びに応えて、ほほえむことができたのは8名（22.2％）、このうち6名（16.7％）が治療中にできるようになっている。

（2）総括

①治療前の対象児

　ACTH療法がなされる前の対象児の発達のおおよその特徴は次のようであった。

・姿勢では、左右いずれかの方向への非対称位（80％が右方向への側転位）

をとっていることが多く、中には非対称性緊張性頸反射（ATNR）が典型的に見られたり、後弓反射様のそり返りを強く示す子どももいた。しかし、固定的な非対称位ではなく、刺激に応じて反対側へ頭をむける「対称位への志向」を示す子どもが半数いた。

一方、伏臥位を他動的にとらせたときに、膝と胸と前膊（ぜんぱく）でからだを支える「肘支位」をとることのできた対象児は、治療前には3分の1にも満たない。どち

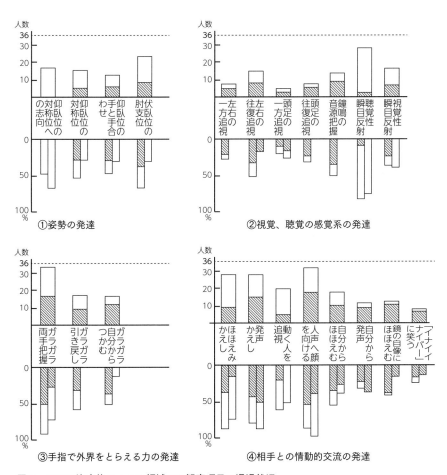

図5　ACTH治療後の4つの領域での観察項目の通過状況
注：各図の下段は、治療年齢3歳未満および3歳以上の通過率（左が3歳未満、右が3歳以上）

らかの腕、あるいは両腕が肩より後方に引け、顔も頬を下にして側方を向いていることが少なくない。なかには上肢をつっぱってそり返ったり、寝返りでゴロゴロと移動する自動運動様の激しい動きを示す対象児もいた。

・胸上の正中に出した赤い輪を注視し、左右いずれかの方向へ90度以上追視できる対象児は、6名と少数であった。見つけたという表情もみられにくいことが多く、眼振などの不随意運動によって、注視そのものが抑制されているようであった。追視は左右方向よりも頭足方向のほうが困難だった。このように、視覚によって外界をとらえる力の制約はほとんどの対象児に顕著にみられた。

・ガラガラを両手に持たせると、半数近くの対象児が把握し続けることができた。しかし、ガラガラを持たせようとすると、あたかも「手が逃げる」ように後ろに引く対象児、いったんは把握しながら、全身と上肢の激しい運動で、落下させてしまう対象児もいた。

・あやしかけに応えてほほえんだり、発声したりする反応性の（刺激に応えての）情動的交流ができる対象児は半数ほどであった。しかし、全体に不機嫌さが顕著だった。揺さぶりなどの働きかけをしたあとなら、ほほえみかえしてくれるものの、すぐグズグズと言いはじめることがほとんどの対象児にみられた。

②治療を経過した対象児

治療を経過して、すべての対象児に顕著な発達的改善がみられた。

・治療過程のなかで、最も確実な変化として観察されたのは、相手の声のする方に顔を向けようとすることである。続いて、あやしかけに発声で応えたりほほえみで応えるなど、反応性の情動的交流がほとんどの対象児に持続的に観察されるようになった。

さらに、ガラガラを両手に把握し続けることも、ほとんどの対象児が可能となった。

すなわち情動的交流や手指などの末端の制御において外界の刺激を受けとめ、それに反応しようとする力が改善している。しかも、声に導かれて相手の顔を見ようとするなどの人を求める情動が、治療過程のなかで他の諸力を主導する

ように発達してきている。

・治療過程のなかで、「臥位の対称位」を獲得したり、「対称位への志向」をみせるなど、姿勢の自由度を拡大しようとしていた対象児は25名（69.4％）、「伏臥位での肘支位」を獲得したのは11名（30.6％）と、いずれも高い割合を示した。これは、単に姿勢レベルの発達的変化を示しているだけではなく、外界の刺激をとらえようとする能動性の高まりを表現している。「外界への構え」がつくられつつあるといえよう。

・治療過程の中で、「左右への往復追視」「鐘鳴の音源を視線でとらえる」（音源探索）、「ガラガラの引き戻し」や自分から把握しようとすることなど、外界の刺激を受けとめ反応するだけではなく、能動的に自らの世界へ引き入れようとしている対象児が4分の1を超えた。また、自分から他者に向けるほほえみや発声などによる能動性の（受け身ではない）情動的交流も、同様に獲得されていた。

　以上のような結果から、治療によって顕著な改善がみられるのは、まず相手への志向性をともなった情動的交流の力である。手でつかんだものを把握し続けるような手指などの末端の随意的制御にも、改善の傾向がみられる。また、「外界をとらえる構え」としての姿勢にも、顕著な改善がみられる。情動的交流の改善と姿勢の改善の連関が推察されるところである。

　これらの諸力の発達を治療の開始時期との関連で検討すると、相手との情動的交流は、治療の開始年齢によらず改善している。それに比し、手指などの末端の随意的制御は、3歳未満で治療開始しているほうが明らかに高い改善を示している。つまり手指操作などの機能は、年齢にともなうマヒの亢進などによって、改善の状況にも年齢差があると推察される。

　情動的交流や手指などの末端の随意的制御の改善に比し、追視など視覚の改善は相対的に困難であった。発作や脳波異常というてんかん症状への治療だけでは改善しにくい、神経学的制約も示唆されるところである。

4. 姿勢の獲得と発達的諸力の連関

　ここでは、乳児期前半の「回転可逆操作の階層」において発達段階を特徴づける一つの要素である姿勢の自由度の獲得状況に視点をあて、感覚、手指などの末端の制御、相手との情動的交流などの諸力の発達過程との連関を検討してみよう。言うまでもないが、姿勢は子どもの「外界への構え」の現れである。したがって姿勢には、どんなポジションや形態がとれるかという静的側面だけでなく、外界の何をどうとらえようとしているのかという子どもの志向性と関連する姿勢変化の動的側面がある。

　治療開始前より仰臥位の対称性が獲得されていた対象児をⅠ群（9名）、治療過程のなかで対称性を獲得した対象児をⅡ群（7名）、治療過程のなかで対称性への志向がみられた対象児をⅢ群（18名）、非対称性が強く、対称位への志向がみられなかった対象児をⅣ群（2名）とする。

　各群の対象児の主な観察項目への反応状況を図6-1～4に通過率で示した。この結果から、各群の対象児が治療終了時点で50％以上通過した観察項目と、各群の対象児が治療過程のなかで新たに50％以上通過した観察項目を、表4に示した（Ⅳ群は少数のためここでは分析の対象としない）。

　治療を経過して、発達の変化が最も顕著なのは、治療中に対称位を獲得したⅡ群である。治療を経過して、すべての観察項目において半数以上の対象児が通過していた。治療過程で半数以上の対象児が新たにできるようになったことは、感覚系の「左右の往復追視」「視覚性瞬目反射」「鐘鳴の音源を視線でとらえる」（音源探索）、手指系の「ガラガラを自分でつかもうとする」、交流系の「相手の声に顔を向けようとする」「鏡の自像に自らほほえみかける」「イナイイナイバーに応えてほほえむ」である。

　このように、Ⅱ群の対象児の対称位は、姿勢における新しい獲得を意味するにとどまらない。第1に、制約の強い視覚における改善、第2に視覚と聴覚の協応、視覚と手指操作（目と手）の協応などの協応系の発達、第3に相手を視

I群　治療前から対称位を獲得（n = 9）
II群　治療中に対称位を獲得（n = 7）
III群　対称位への志向（n = 18）
IV群　片側位（n = 2）

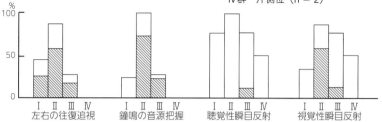

図6-1　各姿勢群ごとの観察項目の通過率（感覚）

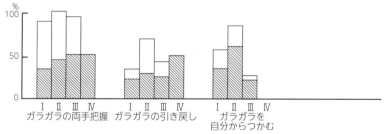

図6-2　各姿勢群ごとの観察項目の通過率（手指）

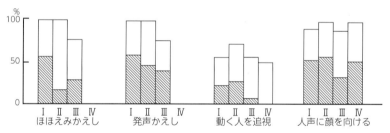

図6-3　各姿勢群ごとの観察項目の通過率（交流〈主として反応性〉）

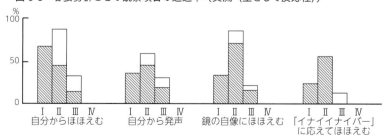

図6-4　各姿勢群ごとの観察項目の通過率（交流〈主として自発性〉）

注：斜線部分は、ACTH治療中に新たに通過した子どもたちを示す

表4　各姿勢段階における観察項目の通過状況

	観察項目	Ⅰ 対称位（既獲得）	Ⅱ 対称位（新獲得）	Ⅲ 対称位への志向
感覚	左右の往復追視		◎	
	鐘鳴の音源把握		◎	
	聴覚性瞬目反射	○	○	○
	視覚性瞬目反射		◎	
手指	ガラガラ両手把握	○	○	◎
	ガラガラ引き戻し		◎	
	ガラガラ自分からつかむ	○	◎	
交流	ほほえみかえし	◎	○	○
	発声かえし	◎	○	
	動く人を追視	○	○	○
	人声へ顔を向ける	◎	◎	○
	自分からほほえむ	◎	○	
	自分から発声		◎	
	鏡の自像にほほえむ		◎	
	「イナイイナイバー」に応えてほほえむ		◎	

○治療終了後の観察時に通過していた子どもが50％以上
◎治療中に通過した子どもが50％以上

覚でとらえようとする志向性、自分から相手へ向けるほほえみなどの能動的な情動的交流の発達を特徴としている。

　ここには、感覚、手指操作、交流とその協応系のすべての側面において、外界に対して受動的ではなく、自ら志向的に働きかけていこうとする能動的な力が誕生してきているようにみられた。このような刺激への反応にとどまらない新しい質をもった外界への能動性の獲得を、田中昌人は生後4か月頃の「生後第1の新しい発達の原動力」の誕生としているが、Ⅱ群の発達的変化は、この原動力の内容を説明するものともいえよう。

一方、治療の開始前から対称位を獲得していたⅠ群は、交流において相手との情動的交流に顕著な発達がみられた。治療過程で半数以上の対象児が新たにできるようになったことは、「あやしかけに応えてほほえむ」「発声する」「相手の声に顔を向けようとする」「自らほほえみかける」である。相手を視覚でとらえようとする志向性を高めながら、反応性のほほえみや発声から、能動性のほほえみへと情動的交流を発達させていた。しかし「左右への往復追視」「鐘鳴の音源を視線でとらえる」「視覚性瞬目反射」などはⅡ群に比して低い通過率であった。また「ガラガラの両手把握」は持続するものの、「ガラガラの引き戻し」や「自ら把握する」も、Ⅱ群に比して低い通過率であった。Ⅱ群よりも早く対称性を獲得していたにもかかわらず、感覚系や協応系において、外界をとらえ自らのものにしようとする能動性が育ちきっていないとも言える。この事実は、形態的な対称位が獲得されているだけでは、Ⅱ群にみられたような外界に自発的主体的に働きかけていく能動的な力の誕生が導かれるものではないことを示している。つまり、「生後第1の新しい発達の原動力」の誕生は、獲得している姿勢のレベルという静的なものと連関するのではなく、対象をとらえようとする姿勢の自由度の拡大、つまり姿勢の発達的変化という動的なものと連関しているのである。

　治療過程を通じて対称位への志向を示していたⅢ群の対象児の多くは、他群と同様にあやしかけに応えてほほえんだり発声したりする反応性の情動的交流の力や、相手の声や動きをとらえようとする志向性を獲得していた。また、治療過程のなかでⅡ群と同様に自発的主体的に外界をとらえ、自らのものにしていこうとする能動的な力を獲得している対象児もいた。

　このことは、対称位を志向し獲得していく過程のなかに、外界をとらえる新しい能動的な力、つまり「生後第1の新しい発達の原動力」の誕生する発達の契機が存在することを示唆するものである。

5. 難治性てんかんの治療過程と発達への指導

　通常2か月頃は、聴覚、嗅覚、前庭受容覚が質的に異なる刺激を分化させ、外界との結合を強めていく時期とされている。そして、さまざまな刺激との関係で快と不快、泣くことと怒ることなどを情動として分化させていく。このとき、外界との結合を主導するのは、大人の顔に対して現れる「おはしゃぎ反応」である。正面から顔を合わせてあやしかけられたとき、子どもはほほえみで応え、やがて声もともなわせて喜ぶようになる。このように、大人の顔やあやしかけは、子どもが外界との結合を強めていくうえで主導的な役割を果たすと考えられてきた。

　すでに述べたように、ウエスト症候群へのACTH療法の過程において、子どもが仰臥位における形態的な対称位を獲得しているかどうかは、発達の予後を規定するものではなかった。むしろ対称位を獲得していく過程での諸機能・能力の連関のありようが問われていた。

　ウエスト症候群の発症期は、不機嫌やそり返しなどの緊張が顕著にみられる。このてんかんがいかに不快なものであるかを、子どもが身をもって知らせている姿である。この不快さのために快の刺激を分化し、志向していこうとするような情動も減退し育ちにくくなる。それが外界への志向を弱める原因だろう。さらに、このてんかんが発達退行をひき起こす場合には、刺激を分化させてとらえ、快と不快の情動を形成することもできにくくなる。この状態からは、自由度の制約された非対称姿勢を克服していく力は生まれにくい。てんかんの初期治療は、疾患によってもたらされた不快を取り除く役割をもつ。それによって減退あるいは退行していた大人を志向し情動的な交流を行う力が、再び発達してくる。左右いずれかの方向へ優位な非対称位をとりながら、反対側から呼びかけられたとき、そちらへも顔を向けようとする反応がみられたり、相手の動きを追視する様子がみられはじめると、姿勢における対称位への志向が始まっている。すなわち、対称位の獲得の過程では、相手、特に育児にあたっている「第二者」の声や顔を心地よいものとして分化させてとらえ、そちらを志向しよう

とする情動が、姿勢の発達的変化を導くように育ってくるのである。

対称位を獲得していながら、相手を志向しようとする情動がみられにくいのは、対称位の獲得過程に、相手を志向する情動の発達過程が連関しなかったためか、急性脳症などによる中途での発達退行によって、形骸化した対称位を残した結果と考えられる。私たちの知り得る事例では後者がほとんどである。

このような形骸化した対称位を基本姿勢にしている子どもに対しても、治療は相手を志向する情動を呼び起こすことができる。それによって、形骸化した対称位を、外界の刺激をとらえ、反応し、能動的に働きかけようとする「構えとしての姿勢」へと変化させていくことができるのである。

3 ｜結節性硬化症を基礎疾患とする難治性てんかんの子どもの乳児期後半の発達段階(「連結可逆操作の階層」)への質的転換における「発達の障害」

1. 結節性硬化症を基礎疾患とする難治性てんかんは発達にいかに関与するか

結節性硬化症（Tuberous sclerosis）[註11]は、古典的には皮膚血管線維腫、てんかん、発達遅滞を3主徴とする神経皮膚症候群の一つとされていたが、今日では、発達遅滞やてんかんは、すべての患者にみられるわけではないというのが定説になっている。皮膚に血管線維腫、白斑が見られ、他に脳、心臓、腎臓、眼底、肺などの各種臓器に、腫瘍性病変を合併することがある。

頻度は、およそ1万人から5万人に1人と言われ、わが国では1万人の患者がいると推定されている。難治性てんかんを合併する可能性は高く、乳児期にウエスト症候群を発症し、やがて複雑部分発作に移行することが多い。これらのてんかん症状は個人差が大きく、発達への関与も多様である。遅滞をほとんど認めない事例もあるが、言語の獲得が困難であるなど、顕著な発達遅滞をも

つ事例も少なくない。したがって、「発達の障害」の様態、行動特徴は、きわめて多様である。

そのなかにあって、結節性硬化症にみられやすい自閉症傾向は20%前後に観察され、自閉症スペクトラムの原因疾患、あるいは関連疾患の一つに数えられてきた。

筆者も、結節性硬化症の子どもの発達の経過観察に携わるなかで、自閉症傾向とよぶべき特徴のある子どもと関わってきた。しかし、その特徴も一様ではない。運動発達において走行を獲得した子どもは、無目的ともみられる多動性が顕著であり、発語がある場合にも意味を理解しにくい常同語がみられることが多い。しかし、運動機能の制約が大きく、発語もない子どもの場合には、特定のモノを特定の方法で操作するような常同行動があり、また視線の合いにくさ、ほほえみなどの情動表出の少なさが顕著になる。

結節性硬化症のように、自閉症に類似した特徴を示す子どもの発達を考察することは、自閉症傾向に共通する「発達の障害」を解明することにもつながるだろう。その研究は、行動上の類似点の把握にとどまらず、発達連関の特殊性などの本質的な問題の探究へと進むものでありたい。

ここでは、結節性硬化症の子どもにみられる常同行動の経過的特徴に視点をあて、その変化をもたらす要因、とりわけ発達連関の特徴について検討を加えようとする。その際、生後6、7か月頃である「連結可逆操作の階層」への質的転換過程の特徴を中心にして考察を試みる。

2. 研究の対象と方法

（1）対象児

筆者が経過観察に関わってきた結節性硬化症の子どものうちで、現在も発語がなく、1歳半頃に当たる「次元可逆操作の階層」への発達の質的転換を達成していないとみられる5事例についての遡及的な検討を行う。

事例1：T児（現在12歳6か月、男児）生後7か月でウエスト症候群発症
事例2：A児（現在9歳5か月、女児）生後5か月でウエスト症候群発症
事例3：M児（現在8歳5か月、女児）生後9か月でウエスト症候群発症
事例4：R児（現在8歳1か月、女児）生後2か月でウエスト症候群発症
事例5：I児（現在5歳3か月、女児）生後4か月でウエスト症候群発症

（2）方法

生後6、7か月頃に当たる「連結可逆操作の階層」への質的転換過程を特徴づけるとされる次の諸力を観察する（第Ⅰ部第1章「発達検査と発達診断の基本的な方法」を参照）。

①「対」の対象を認知しうるか。

＊「対」の対象の「可逆対追視」（見比べ）。

②外界と一つの接点をもつだけではなく、もう一つの接点をもちうるか。

＊「対」の対象へのリーチングと把握、「可逆対把握」（持ちかえ）。

③他者の活動を対象化し、自らの活動を関連づけられるか。

＊相手の活動をみて、自らの活動を関連づけて生起させるか。

これら活動の変化を、てんかんの症状の変化、行動上の特徴とその変化と関連させつつ検討する。

3. 結果

事例1　T児

生後7か月、1歳8か月、3歳7か月でACTH療法。1歳後半でレンノックス症候群に移行、非定型欠神発作が頻発していたが、現在はよく抑制されてきている。脳波の徐波化が目立ち、発作が増悪すると、右手に持ったモノを口にくわえ、右手の手背を左手の手掌でたたく常同行動が増える。さらに、自らの頭をたたく「自傷行為」が出現する。特にてんかん症状が不安定であった4歳までは、「対」

の対象を提示しても、①「一方」を視線でとらえるが、「もう一方」へはそれがみられない、②「一方」を持つと、「もう一方」を必ず放す、③提示した対象は見るが、相手は見ないなどの傾向が続いた。対象へのリーチングは右手のみで、両側の使用はみられなかった。3回目のACTH療法が終了した4歳頃から、右手に持ったモノを口にくわえる常同行動をしつつも、相手の提示したモノや活動に身を乗り出して注目するようになった。この頃から、単発的だが「対」の対象を見比べたり、左手でのリーチングがみられるようになった。

事例2　A児

　生後7か月、1歳4か月、1歳11か月、4歳でACTH療法。1歳前半でレンノックス症候群に移行する。現在は複雑部分発作。非定型欠神発作が増加すると、「マンマ」などの発声が消失し、ほほえみ、寝返りや手のリーチングが減少する。さらに、右手のみで回転おもちゃを回し続けたり、洗面所の水遊びに没頭する常同行動が増加する。①最初のACTH療法まで、「対」の対象の見比べは、右優位に一方を見ることにとどまり、またしだいに対象をとらえようとしなくなる分散化が顕著であった。左右の対象を何度も見比べるようになったのは、生後9か月頃からである。この頃から、机上の積木を右手でつかみ、相手と視線を交わし、そして左手でもう一つの積木をつかむことができるようになった。かつ積木の「打ち合わせ」のモデルをみて、自分の手のなかの積木をそれに合わせようとした。しかし、②1歳3か月頃から左手で把握した後で、右手がもう一つを把握すると、左手の対象が放れてしまうなど、対象との二つの接点が崩れはじめた。左手のリーチングが先行する場合、もう一つの対象に右手でリーチングしようとするときにはイライラしていた。このような右手の制約は持続した。しかし、2回目のACTH療法の過程で、左右の手で持ちかえて、対象に働きかける活動が増加した。症状は安定せず、非定型欠神発作や強直発作が増加をはじめると、③左右の手の持ちかえや、相手のしていることをみて自分の手のなかのモノに視線を向けることがみられなくなった。このような傾向が強まるときには、無表情でいる

ことが多く、相手との情動的交流も減少した。本児の場合、特にてんかん症状との関連が顕著である。

事例3　M児

　生後1歳5か月、2歳8か月でACTH療法を実施している。現在、てんかんは抑制傾向にあるが、複雑部分発作が残っている。ACTH療法が行われる前から、さまざまな対象を頻回に持ちかえたり口へ入れる常同行動が続いた。このとき、①持ちかえや両手同時でのリーチングはあるものの左右の手の動きが分化していないこと、またもう一つの対象を志向することがみられにくかった。この傾向は1歳後半まで続き、砂を両手ですくってパラパラと落とすような行動が新たに現れた。しかし、2歳頃から、「対」の器に入れられた積木を左右の手がそれぞれ取り出せるようになり、また相手の持った鐘を見て相手と視線を合わせてから、自らの手のなかにある鐘を見ることができるようになった。しかし、2歳後半から強直発作が増加し、脳波も悪化した。このとき、②もう一つの対象を志向する活動は可能だが量的に減少しはじめ、相手の持っているモノやしていることを見てから、自分の持っているモノを見ることがみられにくくなった。この頃、水や砂への固執が現れている。本児の場合、てんかんは比較的抑制しやすく、上記のような傾向もてんかんの治療効果とともに軽減している。

事例4　R児

　生後3か月、2歳4か月でACTH療法、現在部分発作の二次性全般化はあるが、非定型欠神発作などは抑制されつつある。発作と脳波の増悪があると、一方の手で把握したモノを口へ入れたり、電話のダイアルを回し続けるような固執が現れる。また、人やモノへの意欲の減退、ほほえみや発声の減少も現れる。最初のACTH療法が終了して、生後8か月頃まで、顕著な発達遅滞はなかった。しかし、①「対」の対象を見比べることが量的に少なく、かつ分散化しやすかった。生後11か月頃よりこの傾向は改善し、本児が鐘を把握しているときに検査者も鐘を

振ると、検査者の鐘を見てから自分の鐘を見ることができた。しかし、この反応は量的に少なく、確実な力とはいえなかった。②手のリーチングは左手が優位であり、左手で把握したモノを口へ入れることが多く、右手でもう一つのモノを志向することはまれだった。この傾向は、1歳8か月頃まで続いた。いったんは両手に持ったモノを打ち合わせる活動がみられたが、2歳頃より右手で把握したモノを口へ入れる常同行動が増加をはじめ、てんかん症状の増悪が確認されたため、2回目のACTH療法を実施することになった。

事例5　I児

　生後4か月、1歳1か月で、ACTH療法を実施している。てんかんはよく抑制され、現在は目立った発作症状を認めない。最初のACTH療法が終了するまでは、顕著な発達遅滞を認めなかった。しかし、手と手を胸前で触れ合わすhand-hand coordinationがなく、かつ「対」の対象を見比べることがなかった。また、把握したモノを口へ入れることが多く、もう一つを志向することが量的に拡大しにくかった。これらの傾向は、2回目のACTH療法が終了するまで続いた。その後、1歳9か月頃、てんかん症状の増悪があり、併せて把握した対象を口に入れることが増えたが、投薬調整で抑制することができた。本児の場合、他の4事例と同様の傾向を示しつつ、比較的早く改善できている。てんかんが比較的軽症なためだろうか。

4. 考察

　ここで対象とした5事例のてんかん症状は多様だが総じて重く、ウエスト症候群などの再発を繰り返すために、2回以上のACTH療法を必要としている。この治療によって、いったんは脳波の改善、発作の減少があり、活動が能動性を回復しても、再び増悪がみられ、症状の悪化とともに活動も変化していく。
　「発達の障害」がない場合には、生後7か月頃、リーチングして把握すること

ができるのは「一つ」のみであっても、「もう一つ」のモノに視線を向け、今つかんでいるモノと見比べたり、それにリーチングを試みたりする。片手でつかんだモノを口に入れることも多いが、それを他方の手でつかみ、やがて両手の間での持ちかえを頻回に行うようになる。また、そのモノを提示した他者の顔とモノを見比べ、他者の承認や激励に触発されて対象への能動性、志向性を高めていく。つまり子どもは、他者と対象との関係をとらえられるゆえに、その対象に特別の意味を感じ始め、さまざまな対象に能動的な探索を行うようになっていく。田中（1987）は、この「見比べ」を「可逆対追視」、「持ちかえ」を「可逆対把握」と称している。

今回の事例となった結節性硬化症の子どもの場合、生後4か月から7か月頃にかけてみられる「可逆対追視」や「可逆対把握」の発達が、遅れるだけではなく量的に拡大しない。やがて、対象へのリーチングができるようになって「一つ」の対象を把握することができても、「もう一つ」の対象への志向は不確実である。さらに、他者の活動と手のなかにあるモノを見比べて、それを契機にして自らの活動をはじめるような「自一他」関係の形成が消長を繰り返す。この不安定な状況下では、回転おもちゃのような一つの対象を一方の手のみで操作することで活動を完結させ、自らの世界を閉ざしているような傾向が顕在化する。

いわば、「自一他」関係の形成も含めて「可逆対操作」の特徴をもった諸活動が、結節性硬化症あるいはそれに起因するてんかん症状の影響によって、制約されたり不安定なものになったりする。さらに立ち入ってみるならば、事例2、3、4においては、ACTH療法によっててんかん症状の改善がみられ、これらの「可逆対操作」が獲得され始めるが、あたかもその発達を契機とするように、再びてんかん症状が増悪したりする。つまり「可逆対操作」は、結節性硬化症あるいはそれに起因するてんかん症状によって、その発達が制約されるという一方的なものではなく、「可逆対操作」を発達させた神経学的成熟が、発作症状の引き金になるような因果関係も推察されるところである。症候性全般てんかんの増悪は、発達の質的転換期において生じやすいとの臨床での指摘があるが、詳

細には「可逆対操作」の獲得との関連が検討されるべきだろう。

さて、結節性硬化症は、自閉症スペクトラムの一つの原因疾患として扱われるが、その行動上の近似点は、他者や外界との結節点が制限されてしまうことだろう。それは、共通の「発達の障害」として、乳児期後半の発達段階である「連結可逆操作の階層」への飛躍における「可逆対操作」の発達の制約や不安定化が存在することを示唆するものである。

(註10) てんかんの好発年齢
　てんかんはその分類によって、発症する時期が異なる傾向がある。たとえばウエスト症候群は生後3か月から10か月頃、レンノックス・ガストー症候群は、2歳から8歳頃などである。

(註11) 結節性硬化症（Tuberous sclerosis）
　それぞれ9番染色体、16番染色体にあるTSC1遺伝子、TSC2遺伝子が原因遺伝子として発見されている。この二つの遺伝子が共同してmTOR（マンマリアンターゲットオブラパマイシン）と呼ばれる物質をつくり腫瘍を抑制するのだが、どちらかの遺伝子に異常があることによって、結節性硬化症は発症するとされている。

［文献］
永井利三郎監修、社団法人日本てんかん協会編（2011）『てんかんと基礎疾患』クリエイツかもがわ。
日本てんかん学会編（2014）『てんかん専門医ガイドブック』診断と治療社。
水口雅（2013）結節性硬化症にともなう自閉症の薬物治療（総説）、日本小児科学会雑誌、第117巻第11号、pp.1686-1693。
白石正久（1994）『発達障害論・第1巻—研究序説』かもがわ出版。
白石正久（1996）結節性硬化症の発達的検討（1）、日本特殊教育学会第34回大会。
白石正久（2013）重症児の発達診断についての実践的研究、障害者問題研究、第41巻第3号、pp.34-41。
田中昌人（1987）『人間発達の理論』青木書店。

第4章
1歳半の発達の質的転換期における「発達の障害」
――アンジェルマン症候群の初期発達

1 | アンジェルマン症候群とは

　アンジェルマン症候群（Angelman syndrome）(註12) は、1965年にアンジェルマンによって、3症例がはじめて記載された疾患である。以来、数多くの症例が報告されてきた。その行動特徴から「ハッピイパペット症候群（Happy puppet〈幸せそうな操り人形〉）などと称されたこともあった。これは適切な呼称ではなく、1982年にアンジェルマン症候群へと変更されたが、旧呼称には本症候群の子どもの外見的特徴が表現されている。

　診断基準によりながら、その特徴を整理するならば、以下のようである。①やや大きな口、舌の突出、茶色い頭髪や瞳孔、色白な皮膚をもつなどの顔貌の特徴、後頭部の平坦化にともなう小頭傾向、②理由がなく突発的であることが多い抑制のききにくい笑い、興奮状態での多動傾向、③上肢のぎくしゃくした動き（jerky movement）や重心が不安定でやや腰のくだけたような失調歩行（これが操り人形にたとえられる特徴である）、④言語の獲得が困難とされる重度の発達遅滞、ただし言語の理解や観察力、感受性が高いともいわれる、⑤てんかん発作（高振幅棘波と2-3Hz徐波が多い特異な脳波異常）。

　国内には1000例ほどの症例があると報告され、「難病」に指定されている。

　後述のレット症候群と同様に、認識されるようになってそれほど経過しておらず、また少数事例であるために、心理学的、教育学的研究は少ない。初期の研究ではハーシュら（J.H.Hersh他、1981）が、9例について心理学的な検討を行っ

ている。そこでは、人やモノとの関係の乏しさ、目的的ではない行動、注意の持続しにくさが全般的にみられるとされる。そして9例中4例には、相手に噛みつくなどの攻撃的行動が観察されている。「人やモノとの関係の乏しさ」と指摘されている行動特徴は、我々の認識で述べるならば、人かモノか、いずれかに択一的に関わることはする（しかもその関わり方は限度を知らないというほどに強いこともある）が、人へもモノへも同時に関わることは難しいということである。換言する

写真25
アンジェルマン症候群のある子ども

なら、人との関係を結びつつ、モノでいっしょに遊ぶというような、人間関係形成の困難を示している。そして、人かモノへ関わっていると、しだいに自己抑制することが難しくなり、「暴力的」「破壊的」と表現される行動へと高じていく。しかし、けっして本人が暴力や破壊を意図しているのでなく、結果として手を出してつかんだ他者の髪を引っ張ったり、強くつかんだモノが壊れたり破れたりしてしまうのだ。そのことが、ともに生活するものに少なくない困惑を与える。

2 | 発達過程の特徴

1. およその発達傾向

註のアンジェルマン症候群の発生原因で触れたように、UBE3A遺伝子の機能異常は共通しているが、その発症のメカニズムは単一ではない。第Ⅰ部第2章（107ページ）で紹介した事例は、すでに対比的認識や二つの変数を調整する操

作の段階である4歳頃の「2次元可逆操作」を獲得しつつある事例である。

　発達経過が多様であることを前提にして、本章では1歳半の発達の質的転換、つまり「次元可逆操作の階層」への移行において、特殊な発達連関を示す事例を検討の対象とする。筆者が経過観察に携わってきたアンジェルマン症候群の子どものうち、染色体異常が検出された17名（現在7歳7か月～22歳11か月、男13名、女4名）の発達経過を検討した。

　まず3歳前後に、通常10か月頃から獲得される「入れる」「渡す」などの「定位的活動」を獲得した事例が8名、就学を迎える6～7歳頃までには14名であった。しかし、それ以後は1歳半の発達の質的転換に時間を要している。

2.「発達の障害」

　さらに、アンジェルマン症候群の子どもの発達特徴を明らかにするために、長期の経過観察が可能であった11名について、「K式乳幼児発達検査」（「新版K式発達検査2001」）の下位項目の通過年齢の状況等を検討する。

　総じて、これらの通過状況は「個人差」が大きく多様であるが、その個別に分け入って、アンジェルマン症候群の子どもの「発達の障害」を析出してみたい。

　「両手に積木を持つ」は生後10か月から5歳9か月までに通過している。そのうち10名は、3歳3か月までに通過している。しかし、一方の手に積木を持っているときに「もう一つ」を提示すると、他方の手で積木をつかむが、その瞬間にすでに持っていた積木を落とす、または口に入れるなど、1名を除いて長く両手に持ち続けることが困難であった。

　「積木を（器に）入れる」「小鈴を（瓶に）入れる」は、「積木」が1歳10か月から5歳9か月、「小鈴」が2歳1か月から6歳であった。

　次に「両手の積木の打ち合わせ」は、11名中7名は1歳4か月から5歳に獲得しているが、4名は現在も未獲得のままである。そのなかには、相手の持っている積木に自分の手の積木を合わせていく（2名）、得意な側の手の積木を苦手

な側に打ちつけていく（3名）などの特徴がみられた。通常「積木の打ち合わせ」は「入れる」活動よりも早い時期に獲得されるが、アンジェルマン症候群の子どもの場合は正中線で左右の手の積木を合わせるという相互性のある「打ち合わせ」活動の獲得に時間を要していることがわかる。

　獲得しにくい下位項目として「積木の塔」（積木積み）がある。積むモデルを示しながら積木を提示すると、ほとんどの場合、検査者に押し返したり席を離れたりして拒む。観察期間中に1回でも「積木の塔」を試みたのは6名であり、積むことができたのは5名であった。積木を積むことができたとしても、3個積むと崩したり別のところに新たに積んだりして4個以上積み上げようとしない、両手に挟むようにして重ねるがすぐに壊したり、積んだ積木から手を離さない（2名）、大きい積木だと挑戦するが、小さい積木（発達検査用の一辺2.5cmのもの）だと手を出さないなどの反応がみられた。ここには、積むことの操作的な難しさのみではなく、その活動への心理的抵抗や葛藤が強く表現されている。

　このようにみると、「入れる」「渡す」という「定位的活動」は獲得しながら、その前提として獲得されているはずの「積木の打ち合わせ」ができるようになる過程、つまり二つの対象に順次にリーチングして両手に保持すること（通常8〜9か月頃）、その二つの対象を相互に正中線で調整的に（ていねいに）合わせること（通常9〜10か月頃）に困難や抵抗を示している。発達過程に生じた現象的な順序の逆転の裏に、アンジェルマン症候群の子どもの発達を困難にしている本質的問題が潜んでいると推察される。

3. 典型的事例

事例1

　男児で、現在7歳7か月。生後7か月の初診時より4期に分けて特徴を把握することができる。

(1) 第1期（生後7か月から1歳3か月）

初診時（生後7か月）の特徴には、対象を持続的に注視することの弱さ、伏臥位になって手掌でからだを支持することの困難（伏臥位から仰臥位に戻れない）、仰臥位での追視は左優位、聴覚性瞬目反射は右優位などのような感覚の発達の左右差があった。このような左右差は、以後の過程でも変化しつつ観察される。また、この時期から夜間の物音で覚醒しやすい傾向やぎくしゃくした落ち着きのないからだの動きが観察されていた。

[生後8か月]

手のリーチングが増え始めたが、右手が先行しつつも両手が同時に出てくるような両側の未分化さが顕著だった。このような未分化さが強いためか、二つの対象を同時に提示すると、それぞれに順序立ててリーチングすることが難しく、強いイライラを示した。リーチングが確実になる時期なら通常観察されるであろう両手の間での「可逆対把握」（持ちかえ）をしなかった。また、初期反応では左右の二つの積木を頻回に見比べるが、繰り返し試行すると、積木を持っている検査者しか見ないようになった。

この頃、口へモノや手を入れることが目立つ一方、座位では舌が突出して摂食できない不随意性が強くなっていた。生後11か月に高熱が数日続いたが、この頃から音への過敏性や手の触感覚の過敏性がいっそう強まっていった。

[生後11か月]

左手の掌に明らかな過敏性の強まりがあり、リーチングと把握は試みるものの、つかんですぐ放すことも少なくなかった。また、左手から右手への「持ちかえ」は見られるようになったがその逆はなく、リーチングと把握のレベルに比べて随意的な「持ちかえ」の少なさが留意された。この頃、哺乳瓶の吸い口までかじるようになり、モノを口へ入れることや舌の突出が目立つようになった。

（2）第2期（1歳8か月から2歳2か月）

[1歳8か月]

　右手で器を持ち、そのなかの積木を左手でつかみ出すような、左右の手の分化した活動がみられるようになった。このときから衝立の後ろに隠れた動くおもちゃが再び現れるのを予期的に追視したり、鏡に映ったボールと実物のボールを見比べるような関係認識ができ始めた。

[2歳2か月]

　両手で順次積木をつかめるようになった。しかし、右手につかんだものを左手に持ちかえることはできるが、その逆はみられなかった。

（3）第3期（2歳6か月から4歳6か月）

[2歳6か月]

　積木を器のなかに連続的に入れられるようになった。この頃から、つかんだものを口に入れることは減りはじめた。しかし、両手につかんだ積木を正中で合わせることはできず、一方から他方へ打ち合わせるのみであった。

[3歳3か月]

　手掌の過敏性が強くなっているためか、「手たたき」（両手の掌を打ち合わせること）もみられなくなった。一方で、器に「入れる」などの活動の連続性は確かになっていた。

[3歳6か月]

　小鈴を瓶に入れるような巧緻な活動をするようになった。しかし、両手の積木のそれぞれを正中線で打ち合わせることをせず、一方から他方への打ち合わせになってしまった。「ちょうだい」と検査者が求めても、持っている積木などを差し出すのは付き添いの父母に対してであった。

[4歳1か月]

　積木を積むことなど、難しさを感じる課題には応じようとしなかった。鉛筆を提示するとワン・タッチで横への錯画をするが、すぐ検査者に鉛筆を差し出して

課題を拒もうとした。ところが、付き添いの弟がいっしょにすると、描画も長く続けた。

[4歳6か月]

「ままごと」道具の鍋に蓋をする、包丁で粘土を切るなどの道具的操作が確実になってきた。しかし、両手の積木を正中線で打ち合わせることはしなかった。発達検査では、検査者の意図から逃れようとするように、提示した以外のものをあれこれと指さして、それを取れと要求してきた。

スプーンやフォークなどは使えるのに、大人がすくってくれるのを待って食べた。三輪車も自分の足で地面を蹴って前進するのをやめてしまった。

(4) 第4期（5歳から6歳2か月）

[5歳]

ゴミはゴミ箱へ捨てるもの、お茶はお父さんに注いでもらうもの、食べさせてくれるのは〇〇先生というような関係認識が随所でみられるようになった。この頃から、大きな積木なら積めるようになったという。しかし、発達検査では積木を拒んだ。

[5歳7か月]

積木を器に入れることを拒み、「K式乳幼児発達検査」の「パフォーマンスボックス」の丸棒も本来の小さい穴ではなく、大きい穴から入れようとした。「ままごと」道具の鍋に蓋をしようとするが、うまくいかないとすぐ検査者に差し出してきた。

[6歳2か月]

本児が描いているときに、検査者が同じ紙に円錯画のモデルを描き添えると、その上に描いてきた。しかし、本児が描く前にモデルを提示してしまうと、描くことを拒んだ。「はめ板」「積木」などの発達検査の課題は「しない！」と決めているが、それ以外のもの、たとえば粘土は両手で伸ばそうとした。そのように、一度できたことは粘り強く繰り返した。

道具の意味理解が確かになり、鉛筆は書くものとして、ハサミは切るものとして、セロハンテープは貼るものとしてとらえていた。砂遊びでは友だちの道具を取り上げてばかりいたが、遊び方を模倣するようになるなど模倣が増えてきた。

　この事例1は、アンジェルマン症候群の子どもの典型的な発達経過を示しているといってよい。要約的に述べるなら、第1期の1歳3か月頃までは、本症候群の音への過敏性、触覚の過敏性が顕在化したときである。また、ぎくしゃくしたからだの動き、音に誘発された過興奮や不眠、何でも口に入れる傾向や舌の突出も強まっていた。
　対象への手のリーチングと把握は確実になっていたが、両手の分化した活動や「可逆対把握」（持ちかえ）はみられにくかった。また、二つ（「対」）の対象を頻回に比べる「可逆対追視」のような視覚的吟味と「対」の関係認識が量的に拡大しにくい傾向があった。さらに視聴覚の反応からはじまった左右差が、左手に触感覚の過敏性が強まったこととも関連して、リーチングの頻度の左右差に変化していった。
　第2期の2歳2か月頃までは、左右の手の分化した活動、予期的追視、鏡像と実像の関係認識などが可能になり、発達的には乳児期後半にあたる「連結可逆操作の階層」を充実させているようにみられた。しかし、左右の手が積木を順次つかめるようになっても、「持ちかえ」も「打ち合わせ」もしなかった。
　第3期の4歳6か月頃までは、器のなかに積木を入れる、さらに瓶に小鈴を入れる、鍋に蓋をするなどの巧緻性の高い活動が獲得され、連続して器に入れることもみられるようになった。この頃から、口へものを入れることは少しずつ減少をはじめ、外界と自己の間接性（「間」）が形成されつつあった。しかし、このような活動レベルにありながら両手の積木を正中線でそれぞれから打ち合わせることはせず、一方から他方に打ちつけていこうとした。「ちょうだい」と求めても検査者にではなく付き添いの父母に差し出そうとする、積木などを提示すると、それらを検査者に押し返して拒もうとするなど、家族以外のいわゆ

る「第三者」の意図に対する過敏性が顕著であった。つまり「入れる」「渡す」「載せる」などの巧緻な活動ができるようになった一方で、その活動を自由度をもって展開し達成感を得ることは容易ではないために、その巧緻性を求められる活動への心理的抵抗が強まっていた。それゆえに、そういった活動を求める「第三者」の意図への拒否が強くなったと思われた。

　第4期の6歳2か月頃までは、ゴミはゴミ箱へ、食べさせてくれるのは○○先生などという本児なりの関係認識、あるいはセロハンテープは貼るものというような道具的認識が確実になっていったときであった。一方、鍋に蓋をしようとしてうまくいかないとすぐ差し出して回避しようとするような傾向がいっそう強くみられた。他者の意図を引き受けて自分でやろうとしたことと、自分の機能・能力レベルとの「ずれ」を過敏すぎるほどに感じる主体が形成されていた。

　このように経過をみてくると、本児の認識と活動は「入れるもの」と「入れられるもの」などの関係認識、さらに道具的認識へと確実に発展している。しかし、一方で「対」の対象を何度も見比べて視覚的に吟味すること、両手に持った積木を正中線でていねいに合わせるなどの「定位的調整」は、発達過程にうまく統合されていかなかった。

　つまり「入れる」「渡す」「載せる」に代表される定位的活動の基盤となる「対」の関係認識を獲得し、その活動を遂行しようとする思いはあるが、それを行うための「調整」が容易ではないことをアンジェルマン症候群の子どもは感じ、認識している。その葛藤が、「受け入れられる活動」と「受け入れられない活動」の区別、「受け入れられる人」と「受け入れられない人」の区別を強め、「第三者」の意図を受け入れにくい状況を現出することになる。突発的な笑いや過興奮などの状態へと入っていくときに、上記の心理的葛藤が契機となることもあると推察する。

3 アンジェルマン症候群児の「発達の障害」

　事例1を手がかりにしてアンジェルマン症候群のある子どもの「発達の障害」を検討してみよう。

1. 二つ（「対」）の対象との継次的な（順序立てた）接点の形成の困難

　アンジェルマン症候群の子どもの成育歴では、乳児期の特徴として、頸定しても視線が合いにくいこと、追視が持続しないことが指摘されている。事例では、追視が切れやすかったり、二つ（「対」）の対象への「可逆対追視」（見比べ）がしだいに曖昧になっていくなど、視覚による対象への注意の持続の難しさがある。このような注意の切れやすさは、人やモノに向かう意欲の乏しさというより、外界のさまざまな刺激、特に聴覚刺激に過剰に反応するために、選択的に集中することが難しい姿と考えられる。

　上肢の不随意性の強いアンジェルマン症候群の子どもにとって、「打ち合わせ」や「積む」ことは容易ではない。しかし、いずれの手でもリーチングし、「入れる」「渡す」などの「定位的活動」が可能であることを考慮すると、正中線での積木の「打ち合わせ」の困難は、運動機能、手指操作の「不器用さ」だけでは説明しにくい問題と言える。

　積木の「打ち合わせ」は、「一つを保持しつつ、もう一つにも気持ちを向け、二つに同時に注意を向けて保持する」ことによって可能になる活動である。モノを把握するとすぐに口に入れてしまう、二つめを取るとはじめに把握していたものを放してしまうなどの傾向をもち、正中線でのモノの「打ち合わせ」が困難なアンジェルマン症候群の子どもは、二つ以上の対象を継次的に（順序立てて）志向し、それらの両方に注意を向けて保持しつつ、相互の関係を吟味したり、相互の関係を調整することが難しいのではないか。右手→左手→右手というよう

に、持ちかえつつ交互に遊びを展開していくことが少ないことも、二つの活動を継次的に結びつけて発展させていくことの難しさを表現する現象であろう。

　ここでいう「保持」は、手で持つことだけではない。その存在に注意を向けて認識し、記憶し続けることも含まれる。乳児期後半に当たる「連結可逆操作の階層」は、通常生後6、7か月頃の発達の質的転換期でもある「示性数1可逆操作」の獲得から始まる。そのとき、一つの対象を志向するだけではなく、「もう一つ」の対象をも志向しようとする。それによって、二つ（「対」）のそれぞれに注意を向けつつ、それを関係づけて操作しようとする外界との結節点を子どもは発達させていくことができる。この外界との結節点によって、子どもはさまざまな対象に働きかけ、それを取り入れ、相互の関係を問いかけつつ、その関係を操作することが可能になる。

　この「連結可逆操作の階層」への移行において、アンジェルマン症候群の子どもは、手掌の触過敏性が対象への志向や「可逆対把握」（持ちかえ）を抑制することにも影響されて、「もう一つ」を志向することが量的に拡大しにくい。対象への志向や活動は、発展的につながらず、一つのものを志向するが、注意が転導するが如く次の対象に活動を移してしまうのであろう。そのために、二つの対象の関係を吟味したり、葛藤したり、二つの対象を相互に関係づけて遊ぶような活動の発展性と量的な拡大が、発達に統合されていきにくくなる。つまり「連結可逆操作の階層」への質的転換において、「可逆対追視」「可逆対把握」などとして認識される一連の操作が密度と自由度をもって発揮されないと、操作の様式は発達していったとしても、「自─他」の関係において互いの意図を調整していくような発達のための基本関係を形成していくことが困難になる。

　このような「連結可逆操作の階層」において、「一つ」と「もう一つ」という二つの結節点を外界と結び操作していく過程を十分に統合できない「発達の障害」は、アンジェルマン症候群に限られるものではない。たとえば、自閉症スペクトラムの初期の「発達の障害」も、このような視点での検討を必要とする（白石、1994）。

2. 対象世界や活動への二分的な選択性の強化と発達の原動力の生成の困難

　アンジェルマン症候群の子どもは、外界の刺激に対して過敏に反応しやすい。微小な音にも囚われる聴覚刺激への反応が最たるものであるが、手掌の触刺激の過敏性は、把握活動において「触れられる物」と「触れられない物」、「把握できる物」と「把握できない物」など、道具や素材への二分的とも言える選択性を強めてしまう。

　目的性あるいは意図をもって活動するようになる生後10か月頃の「示性数3形成期」に至ると、アンジェルマン症候群の子どもは「入れる」「渡す」「載せる」などの「定位的活動」の基盤となる「対」の関係認識を獲得し、その活動を遂行しようと意図するが、それを行うための「調整」が容易ではない。からだや手のぎこちなさ、随意的運動の制約ゆえに、「見たいのに見られない」「食べたいのに食べられない」「合わせたいのに合わせられない」「道具を使いたいのに使えない」など、多重に自分の意図と能力の「ずれ」を感じざるを得ない経験が拡大していく。その結果、自らの意図と能力の「ずれ」への過敏性を強め、「志向できる対象・活動」と「志向できない対象・活動」をいっそう二分的に分けてしまい、その抵抗を大きくしていると推察される。

　この傾向は、相手の意図を感じることによって、「～させられる」場面への抵抗へと発展していく。あるいは、「～は○○さんとする」と決めてしまうと、人間関係を拡大していくことが難しい。

　アンジェルマン症候群の子どもの受け入れられる刺激や対象・活動の狭さ、「○○は□□だ」と決めきってしまう傾向は、生活においてさまざまな困難を生じさせる。好きな素材・道具と、忌避すべき素材・道具を分けてしまい、活動や教材への志向が拡大しないこと、同じ課題であっても、それを行う場所や相手によって取り組み方に違いがあることなどである。家などの安定した場所では指示を受けとめて活動できるのに、学校ではその力が発揮できない、担任が

代わると食事が進まない、学校の宿泊学習などで睡眠できないなども、ほとんどの事例で現れる。

　また、活動の結果を「ほめる」プラスの評価をしても、そこにある相手の意図を感じ取っているようで、課題からの回避をさらに強めてしまう。このような外界の刺激や変化への過敏性、二分的に区別する傾向は、活動の結果をプラスにフィードバックして、能動性を拡大していくプロセスを閉塞させていく。これらは発達の原動力の生成が困難になっている状況ととらえられる。

　では、このような「発達の障害」に対して、教育はいかに関わるべきだろうか。

4　教育指導の留意点

1. 指導の前提としての対象世界の構成

　アンジェルマン症候群の子どもは、小さな物音にも注意を集中し、動きを止めて聴き入っていることがある。そして、注意の転導性といわれる傾向があったり、わずかな物音で覚醒してしまうゆえの不眠傾向になったりする。さらに、手掌の触覚の過敏性が強く、両手に保持してそれを合わせたり、載せたり、積んだりするような「定位的調整」や「道具的操作」を獲得しにくい。また、目前にある対象にも「手あたり次第に」手を出し、選択的に注意を集中することが難しい。

　このような多様な過敏性によって行動を誘発される傾向を要因にして、二つ（「対」）のそれぞれに同時に注意を向けつつ、複数の結節点を関係づけて操作することが制約されるという「発達の障害」を被ることになる。

　つまり、一つには過敏性への配慮、もう一つには外界との継次的な結節点を結ぶことの困難への対応という視点をもって、彼らの対象世界を構成し、それとの関わり方を指導することが必要になる。

聴覚、視覚の刺激が過剰な環境では、何かに集中し、「間」をもって対象を吟味しながら、それに順序立てて関わることが難しくなる。園や学校という環境を考えると、特に聴覚刺激を整理することは困難なことであるが、その努力をするだけでも、本症候群の子どもの行動は落ち着きをみせることが多い。教師の言葉かけが、子どもを興奮状態に陥らせるレベルや内容になってしまうと、なかなかもとの状態に復することができない。

　視覚への配慮として、二つのものをしっかり見比べて選択できるような、いわば「間」をもたせた提示の仕方は大切だろう。ここでの「間」とは空間的時間的な距離のことである。そのためには、いろいろなモノが目前にあるような周囲の環境を整理する。あるいは、アンジェルマン症候群の子どもに素材・道具、活動を提示するときには、今遊んでいる対象との間で、視覚的に吟味しつつ選択し、リーチングできるような提示も求められる。

　このような対象世界の構成は、教育の前提であって、教育の内容・方法そのものではないことに留意する必要がある。これらは、いわば子どもが外界との結節点をうまく結べるようにするための配慮であり、その結節点によって子どもがどのように他者や外界とつながり、何に働きかけて、自己に包摂していくかを考える前提と基盤であるのだ。

2.「むき出し」の教育的意図ではなく、生活の意味と価値を内包した教材に

　彼らは、「積む」「合わせる」「描く」などの「定位的調整」を必要とする巧緻な操作をしなければならない場面を設定されると、自らの能力との「ずれ」や相手の意図も感じ取って、提示されたものを放ったり壊したりしてしまう。そのことによって、さらに過興奮状態に陥ることにもなろう。

　教育は、教師の意図を感じざるを得ない関係のもとで展開するが、だからこそ教師の意図の提示の仕方には、配慮や工夫が必要となる。教師の提示する教

材、活動が、そこに込められている意図を感じつつも、挑戦してみたい内容をもっていなければならない。

　ここにおいても先に述べたように指導の前提としての配慮が求められる。たとえば、素材や道具が、触覚をはじめとする過敏性を過剰に刺激しないことが大切だろう。また、その素材や道具の大きさや形状も、子どもにとっては自らの操作レベルを敏感に感じ取る対象になる。「積木を積む」を例に取れば、その積木の大きさによって活動の遂行過程で子どもが感じる自らの能力との矛盾は異なったものになる。この矛盾への自己評価は、アンジェルマン症候群の子どもに限らず、1歳半の発達の質的転換を達成しようとする子どもにおいては、我々の予想以上に過敏で精緻なものである。

　そのうえで、いかなる対象世界を用意するか。青年、成人になっているアンジェルマン症候群の人々は、作業所などで子ども期の行動の自己統制の難しさは幻であったかのように落ち着いて座り、周囲を見渡している。そして多くの事例では、彼らの操作レベルに応じた労働に取り組むことができるようになっている。本稿のテーマではないが、アンジェルマン症候群の人々の比較的長い経過での発達過程を明らかにしていくことは、家族などと未来への希望を共有するきっかけになろう。

　そういった姿から示唆されているのは、彼らは活動の意味や価値を十分に認識できるようになるということだ。そのことによって、他者と活動をともにすることを忌避するのではなく、向き合えるようになるということである。

　教師は、彼らの行動および発達の特徴を目の当たりにしたときに、「合わせる」「積む」というような操作のレベルに焦点化し、それを発揮させようとする教材を提示してしまう。それは「定位的調整」「道具的操作」がうまくできるようになってほしいという教師の意図を、直接的に子どもに提示することと同じである。子どもがまず向き合うべきは、自らの障害のひき起こす制約ではなく、また自らの発達の現下のレベルへの評価ではなく、そこでの活動がいかなる意味と価値をもつのかということ、そして、その意味や価値が「自−他」の葛藤をひ

き起こすのではなく、「自―他」において受容・共感・共有されるのだということではないか。

(註12) アンジェルマン症候群（Angelman syndrome）
　アンジェルマン症候群は、15番染色体のUBE3A遺伝子の機能異常を原因としているが、その発生機序は、70％が染色体微細欠失であり、他には15番目染色体が両方とも父親由来である片親性ダイソミー、刷り込み変異、UBE3A突然変異などがある。責任遺伝子のUBE3Aはユビキチン―プロテオソーム系タンパク分解経路の成分であり、中枢神経系でのタンパク分解システムの障害に関連すると考えられている。

［文献］
Angelman, H.（1965）"Puppet" children. A report of three cases, Developmental Medicine and Child Neurology, 7, pp.681-8.
橋本加津代他（1992）Angelman症候群19例の臨床的検討、脳と発達、第24号（総会号）、S166。
Hersh, J.H. et al（1981）Behavioral Correlates in Happy Puppet Syndrome : a Characteristic Profile ? , Developmental Medicine and Child Neurology, 23, pp.792-800.
白石正久・瀧口直子（1995）Angelman症候群の発達的検討 (1)(2)、日本特殊教育学会第33回大会。
白石正久（1997）レット症候群とアンジェルマン症候群―その発達障害について、障害者問題研究、第25巻第1号、pp.14-30。
Williams CA. et al.（1995）Angelman syndrome : consensus for diagnostic criteria. Angelman Syndrome Foundation. American Journal of Medical Genetics, 56, pp.237-8.

第5章
重症心身障害児と「みかけの重度」問題

1 問題

　「重症心身障害児」とされる子どもの多くは、機能障害が極めて重度であるうえに、てんかん、呼吸障害、内臓疾患などによって、病弱性も顕著である。したがって、健康を守り育てる取り組みの大切さはいうまでもない。しかし、一個の人格をもち、自らの発達の可能性の開花を何よりも願っている存在であることにかわりはない。このような重い機能障害のある子どもの発達要求を知った実践が待たれている。

　発達診断は、対象となる子どもの発達要求を知ることであり、その発達要求にかなった生活と教育の内容・方法を吟味していくための情報収集作業のなかに位置づけられる。これまで「重症心身障害児」とされてきた子どもには、病弱性の改善とともに、視覚、聴覚、触覚などの感覚の発達や快の情動の形成、姿勢や手指などの自由度の拡大を発達要求として認識した実践が行われてきた。

　しかし、第Ⅰ部第2章「『みかけの重度』問題として提案した発達診断」において述べたように、この機能障害の重い子どもに、言語の認識、概念の形成などが発達している事例が少なからず存在することを知って、私たちは自らを省みる思いを込めて「みかけの重度」とあえて呼んで、教育などの実践に問題を提起してきた。この「みかけの重度」に応じる発達診断法の検討は、何より該当する子どもの発達要求を的確にとらえるための方法を探究することである。

本章では、「みかけの重度」を念頭に置いた「重症心身障害児」(以下では重症児)の発達検査、発達診断の方法に関わる試行を紹介して、批判的な検討を仰ぎたい。

2 | 方　法

1. 対象児

(1) 横断的検討

てんかん治療と発達相談を継続実施してきた子どものなかから34名を対象とする。この34名は、臥位以外の基本姿勢をもたないが、精神発達の段階は乳児期前半の「回転可逆操作の階層」ではないと推察される子どもである。これまで我々の発達診断において、「回転可逆操作の階層」ととらえてきたが、その診断に修正が必要になった事例として報告する。

言語、有意味音声、指示行動などの表現手段は獲得していない。

34名中24名は、ACTH療法を実施しており、共通の治療グループとして分類した。このうち、特に肢体障害が重度でありてんかんが難治である2名について、縦断的検討を試みた。

(2) 縦断的検討

R児：男児、現在8歳8か月、弛緩性マヒ、症候性全般てんかん（症候性とは、続発性ともいう。脳炎、脳症、脳の先天奇形、頭蓋内出血など、明らかな気質的異常をもつ全般てんかん）。

S児：女児、現在5歳4か月、進行性ミオクロニーてんかんの疑い。

2. 方法としての発達検査の実際

（1）検査への導入

　移動や自己表現が困難な重症児は、本人の精神的な構えが整う前に相談室に入室させられることが少なくない。そこで、検査を始める前に、子どもに対してゆっくり語りかけ、視線、表情をうかがいながら心理的緊張を解き、検査への構えを整えるよう心がけている。

　また、どんな課題（遊び）を行うかを言葉で説明して取りかかるようにしている。子どもによっては、何から始めるかを本人に決めさせることもある。この場合は、後に述べるような視線の動きによって、子どもが何を選択したかを判断する。本来的には、支座位などの抗重力姿勢をとらせ、室内に何があるのかを十分に探索させ、本人に何をしたいかを自己決定させるような主体性の尊重が求められる。肢体障害のない子どもには、入室してから探索を十分させているが、そのことの大切さが重症児の発達検査場面では忘れられることがある。

（2）姿勢・運動観察

　検査中の観察や聴取などにより身体状況を把握する。第Ⅰ部第1章「発達検査と発達診断の基本的な方法」を参考にしていただきたい。

【仰臥位】対称位の獲得を頭、腕、手指、足の状況を観察して判断する。その際、不随意な運動の状況も観察する。

【仰臥位からの引き起こし】子どもの手背に触れないように両手をもち、床面から45度の角度になるように引き起こし、頸が体軸についてくるかどうかを観察する。

【寝返り】まず仰臥位の状態から自発的な寝返りを行おうとするかを観察する。それがみられない場合には、両下肢の踝をもって、左右それぞれの方向への回転を援助し、自発的な寝返りへの動きがあるかを観察する。

【伏臥位での肘支位】肘と腕で支え、頭を床面からほぼ45度以上挙上できる

かを観察する。

【伏臥位での手掌支位】手掌で支え、頭を床面からほぼ90度挙上できるかを観察する。

【支座位】背側から脊柱を支え、立ち直り反応や頸部の安定を中心にして観察する。

【聴覚性瞬目反射（RAF）】耳元で手をたたいて、瞬きが生じるかを左右の耳で確認する。聴覚刺激で生じる防御反射であり、通常生後3か月頃から見られる。

【視覚性瞬目反射（ROF）】眼前に検査者の手掌を瞬時に近づけ、瞬きが生じるかを確認する。視覚刺激で生じる防御反射であり、通常生後4か月頃から見られる。

（3）随意的運動

対象の提示や言葉かけに応じる随意的な運動や活動の状態を観察する。これは、子どもの言語の理解の状況を把握するうえでも大切な検査となる。「できた―できない」を判定するのではなく、自ら身体を動かそうとする意思のありようも含めて検討したい。第Ⅰ部第1章「発達検査と発達診断の基本的な方法」を参考にしていただきたい。

【視覚について】まず、視方向に子どもの好むおもちゃを提示し、その発見の状況や注視の持続状況を観察する。続けて、「対」の状態でおもちゃを提示し、「可逆対追視」の出現を観察する。これらの検査は、無言での対象の提示から導入するが、続けて「○○を持ってきたよ。見つけた？」などと言葉をかけ、それへの反応を観察する。

　注視の状況を確認したら、左右と上下の方向に子どもから見ると90°の移動になるように対象を動かし、それぞれ往復追視ができるかを確認する。このとき「○○を動かすから、よく見ててね」などと言葉をかけ、それへの反応も観察する。

【聴覚について】左右の耳もとで鐘を鳴らし、視線や頸部の運動によって音源の探索をするかを観察する。

【手の動き】視覚、聴覚での反応を確認してから、正中および把握しやすい位置に提示したガラガラやおもちゃへのリーチング、および把握の能動性を観察する。このとき「手を動かしてみてね」「○○をとれるかな」「○○鳴らしてみてね」などと言葉をかけ、それへの反応を観察する。

(4) 言葉の課題 (写真26・27)

【ほめ言葉への応答】姿勢・運動での観察においても、「がんばったね」などの言葉かけに応じて表情を変化させるか、さらに意欲的に活動しようとするかなどを観察する。

【「お母さんはどこ？」などへの応答】「お母さんはどこに座っているかな？」などとたずねて、探索の状況を観察する。

【「どっちがいい（好き）？」への応答】ミニチュアの食べ物やおもちゃを「対」にして提示し、「どっちが好きですか？」などと選択を促し、視線の定まり方を観察する。

【身体部位】「目は？」「口は？」「目をパチパチして」「口をアーンして」「手を動かしてごらん」「足をノビノビしてごらん」などと言葉をかけ、それへの反応を観察する。

【「反対の〜はどれ？」「もう一つの〜はどれ？」への応答】「反対の耳はどれですか？」「もう一つの手はどれですか？」などとたずねて、それへの反応を観察する。

【ものの名称】ミニチュアの食べ物などの具体物および絵カードを「対」にして提示し、「○○はどっちですか？」などとたずねて、視線の定まり方を観察する。

【比較課題】「大－小」の「○」が描かれたカードを「対」にして提示して、「どっちが大きい○ですか？」とたずねて、視線の定まり方を観察する。左右の

位置関係を変えて、複数回質問する。「だんだん大きくなる」の5つの系列円が描かれたカードを提示し、「一番大きい○」「一番小さい○」「中くらいの○」の順にたずねて、視線の定まり方を確認する。

【了解問題】「K式乳幼児発達検査」（「新版K式発達検査2001」）における「了解Ⅰ・Ⅱ・Ⅲ」の課題に準拠して「おなかがすいたらどうしますか？」「ねむいときどうしますか？」「雨が降ってきたらどうしますか？」などとたずねて、「食事をする」「布団で寝る」「傘をさす」などが描かれたカードから視線で選択する状況を確認する。

【数の理解】数を表す○が複数個描かれたカードを「対」にして提示し、「二つはどっち？」「三つはどっち？」などとたずねて、視線の定まり方を観察する。

【5以下の加算】「K式乳幼児発達検査」（「新版K式発達検査2001」）における「5以下の加算」に準拠して、「アメを二つ持っているときに一つもらったら、合わせて何個持っていますか？」などとたずねる。数を表す「○」が複数個描かれたカードを「対」にして提示し、視線の定まり方を観察する。

【左右弁別】「身体各部」において、耳、手、足などをたずねる際に、「右の手はどっちですか？」「左の手はどっちですか？」などと左右の弁別の状況を確認する。

（5）その他のコミュニケーション

【YES─NOサイン】検査のすべての場面において、自発的に「YES」や「NO」を表現するしぐさがあるかを観察する。

【会話】「誰と来たの？」などと日常会話的にたずねて、応答の状況を観察する。

【絵本の選択】以上の検査後に、絵本の読み聞かせを行うことを常としており、その際、「対」にして提示した絵本からどのように選択するか、読み聞かせのなかで絵のどの部分に視線を配るかなどを観察する。

以上の観察において、それぞれの反応がみられるまでにはかなり時間がかか

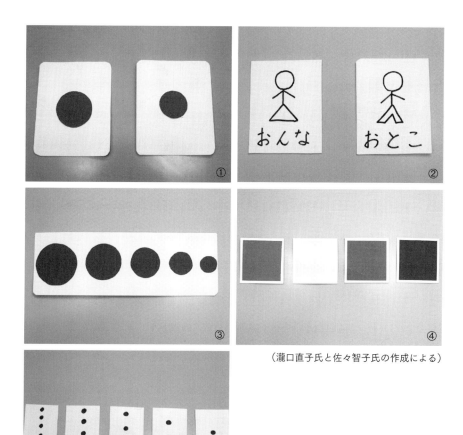

写真26　機能障害の重い子どものための発達検査①
①「大小比較」を2枚に区分して作成。「どちらが大きい丸ですか？」
②「性の区別」。「○○さんは、男ですか、それとも女ですか？」
③「だんだん大きくなる」5つの系列円。「一番大きい丸」「一番小さい丸」「中くらいの丸」の順で問う。
④「色の区別」。「赤」「青」「黄」「緑」を順不同で問う。
⑤「5以下の加算」などで使用する。「○○さんは今、飴をふたつ持っていますが、お母さんがひとつくれたら、全部でいくつになりますか？」。2枚あるいは3枚を並べてみせて、正解の選択を促す。

るので、ゆっくりと待つことが必要である。子どもによっては、対象によって反応が異なったり検査の終了を見計らったように遅れて反応することもあるので、注意深い観察が必要である。

　すべての観察において、保護者の承諾のもとでビデオ録画を行い、その映像を観ながら集団的に検討することが肝要である。

（6）家庭、園、学校の様子

　言うまでもないが、発達相談室の限られた空間と時間のなかでは、子どもの全体像を認識することはできない。保護者や同伴の教師などからの情報聴取を大切にしている。ときに、家庭訪問や学校・施設への訪問を行い、生活のなかで見せる姿から発達相談室での反応の意味を確かめようとしている。

3｜結果の検討

1. 横断的検討

（1）ACTH療法を行った24名の発達診断の結果

24名の発達段階を以下のような基準で評価した。

【乳児期後半の9か月頃まで（「連結可逆操作の階層」の「示性数2可逆操作期」まで）】
　子どもの正面に「対」の対象を提示したときに、「一つ」だけではなく「もう一つ」を発見する「可逆対追視」がみられる。かつ対象のどちらかに視線やリーチングでの選択性がみられるが、言葉によって事物・事象や活動を共有することは明確ではない。

【生後10か月頃〜2歳頃（「示性数3形成期」〜「1次元可逆操作期」）】「お母さんは？」「手を挙げて」「○○はどっち？」などの問いかけに応答し、言葉によって事物・事象や活動の共有ができる。「どっちが大きい○ですか？」

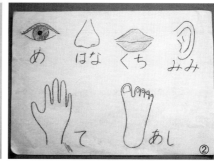
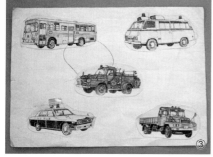

（①〜④は瀧口直子氏の作成による）

写真27　機能障害の重い子どものための発達検査②

①「K式乳幼児発達検査」の「了解Ｉ」を問うために作成。「お腹が空いたときにはどうしますか？」「眠たいときにはどうしますか？」「寒いときにはどうしますか？」と尋ねて、選択を促す。
②身体部位を問うさまざまな質問のために作成。
③「働く自動車」。「ケガをした人を運ぶ自動車はどれですか？」などと順に尋ねる。
④「用途」を尋ねる。「ごはんを食べるものはどれですか？」「遠くに行くときに乗るものはどれですか？」など。
⑤㈱テンシルによる「透明文字盤」。

とたずねると、いったん「大」に視線を定めても、再質問すると動揺して視線が定まらなくなる場合はこのグループとした。

【2歳後半〜4歳(「2次元形成期」〜「2次元可逆操作期」)】「大−小」などの比較課題に正答し、「お腹が空いたらどうしますか？」などの問いに、食事をしている絵でのカードを選択することで、問いと答えの関係が成立する。

【4歳後半〜5、6歳(「2次元可逆操作期」〜「3次元形成期」)】「大」「中」「小」の丸が系列的に並ぶ絵カードを提示して、「大」「小」「中」の順に問うと、「大」「小」に加えて「中」の認識がある。また、ドットを描いたカードから「5以下の数」を選択することができる。

● 対象児の発達段階の分布

発達検査への応答を主な情報として発達診断を試みると、対象児の発達段階は、7名（29.2%）が乳児期後半の生後9か月頃までの発達段階にいると考えられる。7名中、寝返りできるもの4名、手のリーチングと把握が可能なものは6名であった。

生後10か月頃〜2歳頃の発達段階にいると考えられる10名（41.7%）中、寝返りできるものは2名、リーチングができるものは5名、把握ができるのは4名であった。

2歳後半〜4歳頃の発達段階にいると考えられる4名（16.7%）、4歳後半以上の発達の力をもっていると考えられる2名（8.3%）については、寝返りできるものはなく頸定も困難で、リーチングと把握活動も確認できていない。

以上のように、姿勢・運動の機能レベルと認識発達の相関はあるとはいえない。むしろ、追視、リーチングと把握などの反応においては、発達段階が高くなるにつれて、本人の意思など心理的なものが関与してくるために、複雑な反応特徴となる。乳児期後半の発達段階と思われるA児（3歳2か月、以下3：2と記す）は、おもしろい音が出るおもちゃが好きで、そのおもちゃだと反応が早く、検査者がA児の手中のモノを取ろうとすると引き戻しも強い。他のおも

ちゃでも、大人の励ましやほめ言葉を受けると、同様な反応を示す。これに対して、1歳頃の力をみせはじめたB児（4；0）は、器に入った積木より鍋の中のイチゴの方が意欲的に把握を試みようとする。このように対象の子どもにとっての意味や興味・関心の違いによって、課題への取り組み方や選択に違いが見られる。ガラガラや鏡の追視のように他者の意図が見え、「できる―できない」の結果が明瞭な課題では不随意運動が多くなるが、絵本だと比較的スムーズに眼球を動かすC児（14；1）もいる。さらに、2歳前半の発達段階にいると考えられるD児（5；4）は、おもちゃへのリーチングはみられないが、絵カードを提示して「手で教えて」と要求すると、カードに触れようとする。

　これらのことは、機能的制約の大きい子どもの発達診断において、発達検査の下位項目の通過の可否だけで認識の力を判断することの難しさを物語っている。むしろ、子どもの興味・関心、生活経験の実態に応じて提示する検査道具を変化させると、子どもの反応中に起こる活動の変化や差異から発達状況がみえるようになる。

● **面接中にみられる特徴的反応──発達段階別**

　<u>乳児期後半の生後9か月頃までの発達段階</u>にいると考えられる子どもは、できたことを十分に受容すると大人の反応を期待するように、繰り返し挑戦する。しかし、たとえば、マヒゆえに本人の苦手な側に対象が提示されると、無表情になったり指しゃぶりをしたりする。

　たとえばE児（6；6）は、左側に映る鏡のなかの母と実物を見比べるが、視線を向けにくい右側に鏡像が移動すると見ようとしない。吊りおもちゃも、右側に提示すると指をくわえてしまう。

　F児（6；6）の場合は、苦手な左側に対象を提示すると視線をそらす。だが、ゆっくりと励ますと、母や検査者を振り返りながら挑戦する姿が見られる。左右にからだをゆらしたり頭を近づけたりしながら、時々母を見上げて励ましを受け、苦手な左手で吊りおもちゃに接近することができた。

生後10か月頃～2歳頃の発達段階にいると考えられる子どもは、意思がはっきりしてくるので、対象への興味・関心によって、選択的反応が生じる。また、自分を試している相手の意図を感じると、できることもしようとしなかったり、自分のしたいことが伝わらないと脱力してしまう、眠り込もうとするなど、その子どもなりの表現手段をもつようになる。
　2歳後半～4歳頃の発達段階に入ってくると、課題を達成しようとする意欲が明らかに観察される。
　G児（5；5）は、「大小比較」だとわざと反対のほうを見たりするが、「だんだん大きくなる」5つの系列円が描かれたカードが出てくると、何度も見比べて問われたほうを注視し続ける。
　H児（8；5）は、了解問題（「お腹が空いたらどうする？」「眠くなったらどうする？」など）のカード選択で、正しく視線で答える力があるが、カードを見せずにたずねると、口を動かしたり、目を細めたり、両手を動かすなど、自分のもてる力を駆使して、問いへの応答を試みる。
　4歳後半以上の発達の力を獲得しはじめると、視線だけでなく、発声、口型、手などを使って意思を伝えようとする。簡単な課題でわざと違う反応をするが、難しい課題になると正答したり、検査者に対して本人なりの理由をもって自己主張をするようになる。たとえばI児（8；9）に、「了解問題」で「雨が降ったらどうする？」と問い、傘と帽子を持っている子どもの絵を見せたときのことである。I児ならわかるはずだが、検査者を注視し何か言いたそうな表情になる。母の示唆より、I児が雨の日に外に出るときは、車いすにビニールをかけて出かけることがわかり、そこで、「I君はビニールかけるけど、お母さんはどうしてる？」と問い直すと、傘をさしている絵を見た。

（2）ACTH療法を経過していない10名の発達診断の経過
●対象児の発達段階の分類
　発達検査への応答を主な情報として発達診断を試みると、対象児の発達段階

は以下のようになる。

　すべての対象児が生後10か月頃からの言葉による事物・事象や活動の共有が可能な段階にあった。うち9名（90.0％）が<u>生後10か月頃〜2歳頃の発達段階</u>とみられた。1名（10.0％）が<u>2歳後半〜4歳頃の発達段階</u>とみられた。<u>生後10か月頃〜2歳頃の発達段階</u>にいると考えられた9名のうち、寝返りできるものは4名、リーチングができるものは4名であり、寝返りができるものとリーチングができるものは一致している。持続的な把握が可能なものは7名である。<u>2歳後半〜4歳頃の発達段階</u>にいる1名はアテトーゼであり、寝返りは難しいがリーチングと把握は可能である。

　このようにACTH療法を行っていない児においても、姿勢・運動の機能レベルと認識発達の相関はあるとはいえない。

● **面接中にみられる特徴的反応──発達段階別**

　<u>生後10か月頃〜2歳頃の発達段階</u>と考えられるJ児（13；6）とK児（6；11）は、いずれも対象を発見、注視、追視することが困難であるが、「足を伸ばしてごらん」「口をさわってごらん」「もう一つの耳はどれ？」に応答したり、「お母さんはどこにいる？」に応えて、そちらに探索的に頸をまわしたりする。いずれも微かな動きであるが、それとわかる表現である。視覚による発達検査ができないことに困難を感じるが、少なくとも言葉による事物・事象や活動の共有が可能な発達段階にいるとの判断は、コミュニケーションの方法を考えるうえで重要な情報になる。また、「次元可逆操作の階層」に移行している児では、機能的制約があるなかでも、自らの身体部位を随意的に動かそうとする身体の対象化を観察することができる。

　L（17；1）、M（16；7）、N（10；11）、O（9；3）児については、「大小比較」を視線などで応答できるが、再問すると視線が動揺する。つまり、対比的認識を決めきる自信のない「2次元形成の導入期」にいるとみられる。また、このO児は、応答の努力を認めないと次の活動に意欲的には取り組んでくれない。

日常生活においてはM児は、気に入らないことがあると怒り出す、N児は「がんばったね」とほめるとうれしそう、P児（5;3）は朝起きたときに「お決まり」の声をかけないと一日中不機嫌などと報告されている。活動の結果や自らの要求を受容されたときの喜び、受容されなかったときの不満や抵抗が表現されている。そのように自分のことを尊重してもらいたい発達段階なのである。

　N児はガラガラなどを把握させようとすると手を閉じて拒否するが、人の手なら把握する。P児は苦手な左側に対象を提示すると不機嫌になる。自らの機能的特徴、とりわけ機能的制約を対象化できる発達段階にいる両児が、その機能へ働きかけようとする他者の意図を拒否しようとする姿だろう。

　L児とM児は、ともに進学などの教育条件の変化にともなって円形脱毛症になっている。本児らの発達段階を乳児期前半と診断していたときには、この円形脱毛症を心理状態の反映した神経症的なものとはとらえられなかった。L児とM児は、「2次元形成の導入期」にいるとみられる。この時期は、条件変化がこのような症状を呼び起こしやすい発達段階として留意される。

　<u>2歳後半～4歳頃の発達段階</u>にいるQ児（10;5）は、発達検査の応答でわざと反対の選択肢を視線で伝えてほほえんだりする。学校においても呼名のとき、わざと他児の番で口を開いて返事をしたりするという。

（3）留意すべき経過

　このようにみてくると、それぞれの反応は発達段階の特徴とも符合する。しかし、たとえば対比的認識を問う課題への応答にみられる動揺や回避などは、障害がない場合に同じ発達過程でみられる同様の特徴より強いものを感じる。対比性をとらえながら、答えを決めきるだけの自信をもち得ていない。対比的認識への動揺や回避をみせる重症児は、欲求の実現を中心とした「要求の主体」になり得ても、「こうしたい」「こうありたい」と「活動の主体」としての自己を要求し、なにごとにおいても自己決定の主体になろうとする兆候はない。

　通常1歳半の発達の質的転換期において子どもは、「定位的活動」として靴を

履いたり、手にしたものを片づけるなどを行い、そのことに大人の受容・承認を受けて達成感をもって活動を締めくくる。そして、さらに積極的な活動の主体になっていく。その蓄積のなかで子どもは、他者の受容・承認がなくても「つもり」＝目的をもって活動を選択・遂行し、さまざまに自己調整や立ち直りを繰り返しながら、目的を達成するようになる。この過程において重症児は、運動障害ゆえに活動の主体としては不確実な自己を対象化しなければならない現実のなかにある。

　1歳半の発達の質的転換期にある重症児が、自らの活動への受容・承認を要求すること、対比的認識を問われて動揺や回避を示すことなどは、この活動の主体に「なろうとしてなれない」葛藤を表すものではないか。

　白石（2014）は、重症児が、たとえば教師の膝の上で共に鳥の鳴き声に耳を傾けているような場面でも、コミュニケーションが成立しているというだけではなく、教師と共同で「幸福を感じる」などの価値を選択し、創造しているのではないかとした。子どもは自然と文化に触れて、教師や仲間とともに人生の早い段階から「価値の選択と創造の発達の系」を歩んでいく。このような価値選択と創造の主体になっていくことは、運動による対象的活動が制約されていても、主体としての自己を感知し自己形成していくために重要な契機となる。

2. 縦断的検討

（1）R児（男児）の経過
●発症と治療的経過
　生後2か月のとき、外傷性による中枢神経系の機能障害。弛緩性マヒ。4か月にてウエスト症候群（点頭てんかん）を発症。

　4か月からACTH療法を実施。その後、1歳および2歳において脳波のヒプスアリスミアが顕著になりACTH療法を実施。

　4歳で2か月間ほど発作がまったく消失した期間があった。これ以来、発作の

増悪があっても活動意欲が顕著に低下するほどの影響はみられなくなった。

発作は、現在1日6～7回の強直間代発作、ミオクロニー発作である。

● 現在の検査所見

・脳波

睡眠中、全般性遅棘徐波結合、棘波が群発する。覚醒時は、発作波の頻度は著しく減少するが、左右の前頭部と頭頂部に棘徐波が出現する。

・MRI（磁気共鳴映像　Magnetic Resonance Imaging）

顕著な皮質の萎縮がみられる。特に、運動領野の成熟は不良。しかし、それを除く髄鞘化は進んでいる。

● 発達相談における経過

・1歳中頃まで

2回目のACTH療法がなされた1歳中頃までを一つの時期として取り出すことができる。

入院による1回目のACTH療法期間では、仰臥位での右側転位が顕著であったが、あやしかけに応えてほほえむ姿がみられ、「視覚性瞬目反射」の出現など、制約のある視覚においても改善をみることができた。

さらに、2回目のACTH療法を行うなかで、右側転位から正中や左をとらえようとする意思が確かになり、発声も拡大した。対象への視覚や運動による志向がみられ、その意欲によって対称位をつくりはじめたとみられる。この当時は、生後3か月頃にあたる「回転軸2可逆操作期」と診断していた。

・3歳4か月まで

次は、発作の増悪がみられる3歳4か月頃までを一つの時期として取り出すことができる。

好きな先生と嫌いな先生ができ（1；9）、嫌いな食べ物もはっきり拒否するようになった（2；2）。また、母が相手してくれないときや側にいてくれないとき

に泣くようになった（1；9、2；6）。機能的には、左への側転位がこれまでより持続し、それと関連して追視課題では左方向への追視が可能になり、積木またはガラガラを正面眼前で、左右へ50cm間隔で開き、追視の反応を確認する「対追視課題」でも、左に提示した対象から見ようとする反応もあった（2；6）。このような特徴から、当時は乳児期前半から後半への移行期、つまり「連結可逆操作の階層」への飛躍のときにあると診断していた。

しかし、遡及的に検討してみると、検査場面でも呼名に「アウ」と発声してほほえむ（1；9）、保育士の「オーイといってごらん」に応えて「オーイ」らしき発声をした（2；5）などから、すでに言語的なコミュニケーションができる段階に移行していた可能性も示唆される。その視点でみると、発達検査で頭に布をかけて、それを除去する運動を観察しようとすると、不機嫌そうに発声し、布を取り除かれた後もずっと泣いて不機嫌であった（3；2）ことは、彼の意図的な抗議の表現とも理解され、自我の発達期である「次元可逆操作の階層」の特徴が関与していた可能性もある。

・5歳4か月まで

次に、発作が改善し発達的に大きな変化がみられた5歳4か月までを、一つの時期として取り出すことができる。全方位の追視ができるようになり、耳元での鐘鳴にも左右とも音源を見つけることができた（4；0）。そして、頭に布をかけてそれを除去する運動を観察しようとすると、泣くのではなく除去しようとして両手を挙上してきた（4；0）。

さらに、両手にガラガラをもたせて検査者も同じものを振ると、検査者のガラガラと検査者の顔を見比べて自分も振ろうとしたり、「イナイイナイバー」の絵本への期待反応がみられた（4；10、5；4）。このような特徴から、当時は10か月頃を中心とした「示性数3形成期」にあると診断していた。

・現在（8歳8か月）まで

次に本児の発達段階が明らかになりつつある現在（8歳8か月）までを、一つの時期として取り出すことができる。

肺炎になりやすく体調は思わしくなかった6歳中頃でも、1人で寝られるようになったり、「いっしょに行く？」「何が食べたい？」に、随意的になってきた手を微かに挙上することで応えるようになった。発達検査の場面においても、「お父さん好きか？」「お母さん好きか？」と問うと「アー」と応えるが、その発声には明らかな強弱があった（6；5）。
　この時期から、幼児期の発達段階である「次元可逆操作の階層」へ移行しつつある子どもではないかと検査者が考え始めることとなった。母もこの頃から、本児の能動性を育てるために何でも意思を問い応答を待つ「間」を大切にされていた。それが、本児の意思の表現に結実しはじめたのかもしれない。
　以後、家庭での観察のなかでは、本を読んであげると一度聞いたところは知っていると言いたげに発声で訴えたり、学校の連絡帳を音読すると本児も何かを伝えようと発声するようになった。また、大人が楽しいあそびを短時間できりあげたり、約束を守らないと怒るようになった（8；2）。この時期から「お父さん好きか、それともお母さん好きか？」には、無言になり応答しなくなったという。
　このような家庭生活における変化とともに、発達検査への反応では、「大小比較」と「一つ」と「二つ」を視線によるカード選択で正しく応え（7；6）、やがて、「大・中・小」の区別、「二つ」と「三つ」の区別にも、同様の方法で応えられるようになった（8；2）。明らかに、対比的認識の獲得が可能な発達段階にある。しかも「大・中・小」の区別が可能であったり、「お父さんが好きか、それともお母さんが好きか？」に単純な択一で応えなくなっていることなどを考慮すれば、「大・中・小」「きのう・きょう・あした」「ここ・そこ・あそこ」など時間的・空間的・意味的に中間をとらえることのできる中間項の形成が可能になる5歳中頃からの「3次元形成」の導入期とも判断される。

● まとめ

　本児を、主に姿勢・運動の機能系、感覚系、リーチングや把握の手指の操作系、ほほえみなどの情動系の反応に注目して、その現象的レベルで発達診断してい

た時期には、「乳児期の発達段階の子ども」という枠を本児から取り払うことができなかった。しかし、経過をたどってきたように、家庭での観察の意味するところを重視して検討していたならば、すでに3歳4か月までの時点で、1歳半ごろの発達の質的転換を達成していたことに気づいたかもしれない。おそらく、「対追視課題」において、あえて苦手な左から見ようとした本児の意思のなかに、この時期の自分の機能的制約に立ち向かっていく復元力をもった「1次元可逆操作」を読み取るべきだったのだろう。それほどまでに「次元可逆操作の階層」への飛躍は、自らの身体とその運動・操作を対象化し、障害にも立ち向かおうとする力によって特徴づけられるのである。

　本児の真の発達診断が可能になってきた要因として、言語訓練士から示唆されて能動的な意思表示を待つようになった家族の対応が大きい。今では、父母だけでなく、きょうだいも本児の力を尊重し、あたりまえの関係としてコミュニケーションしているとのことである。本児は、兄からバカにされると、兄が謝るまで泣き続けるという。母親に対しては、母親が本当にからだがつらくて横になっているときには静かにしているが、「ダラダラ横になっている」ときには相手をしろとでも言いたそうにうるさく催促するという。

（2）S児（女児）の経過
●発症と治療的経過

　妊娠初期に、切迫流産、かぜのための服薬などがあるが、出産時においては、特に異常はなかった。

　生後3か月、口を歪ませ目をシバシバさせ、顔色不良となり、その後泣く。その後、1日に2～3回見られ、病院にて脳波に異常が認められ抗てんかん薬の服薬開始。6か月時にチアノーゼをともなう発作が出現。

　9か月からACTH療法を行うも発作は止まりきらず、頸はしっかりしてきたものの、手足の筋緊張低下がみられる。右手の開閉を常同行動のように繰り返していることが多い。

1歳頃より、眼球上転、頸を左右に振る発作出現。2歳前より強直発作が現れ、仰臥位での右側転位が強くなる。眠気が強く、いっそう全身の筋緊張が低下した。2歳8か月頃より、ミオクロニーを主体とした発作が出現しはじめ、発作が増えてきたために3歳4か月より2回目のACTH療法を開始する。

　2回目のACTH療法中は、ATNR、MOROなどの反射がみられた。つまり、低次の反射レベルに回帰している。ACTH療法後、大発作は減ったものの発作は依然として止まらず。

　5歳過ぎより、薬による発作の抑制がうまくいきはじめ、現在では、園でも、よく覚醒して活動に参加できるようになってきている。

● 現在の検査所見

・脳波

　2歳3か月以降は、棘波が多焦点化する傾向にあり、2歳9か月時は覚醒時にも発作波が出現し、睡眠中も全般化しはじめている。2回目のACTH療法後には、発作波の出現部位が、前頭葉と後頭葉に限局してきており、入眠時の脳波は悪いが、睡眠中の脳波は改善してきている。

● 発達相談における経過

・1歳中頃まで

　追視やリーチング、ほほえみなどの情動表現に発達的な変化のみられた1歳中頃までを、一つの時期として取り出すことができる。

　1回目のACTH療法を受けた9か月時より、追視と対追視については右側優位、リーチングは左側優位というように、左右差はあったが、回を追うごとに活動意欲は高まりをみせていた。1歳時の発達相談では、自分から相手にほほえみかけたり、1歳4か月時では、全方位の追視が可能になっていた。手の活動においても、正中の対象へのリーチングがスムーズになり、検査者がガラガラを振ると、S児もガラガラを持っている手をゆっくりと動かしてみたり、一つ持って

いる時に「もう一つ」を見せると、それに視線を向けてから持っていないほうの手を動かしたりしていた。

・3歳4か月まで

発作が増悪し、2回目のACTH療法に入るまでを一つの時期として取り出すことができる。

1歳7か月時に「注意の切れやすさ」が指摘されていたが、その後の強直発作の出現と同じ時期に、両手を合わせて口に打ちつける、左手の開閉を繰り返すなど、常同的な行動がみられ始め、リーチングがみられなくなる、追視が切れやすくなるなど、一見退行的な経過を示していた。

ところが、検査場面では鐘鳴への音源探索はみられないが、検査者が入室すると、すばやくそのほうを見て動きを目で追い、検査者が呼びかけると視線をそらす（1；11）、検査者が準備しているのをじっと見ているが、検査者が課題を提示すると視線をそらす（2；2）など、課題以外の場面で力を感じさせるものがあった。その他にも、2歳2か月時には、①注視の仕方が、人形＞吊り輪＞オルゴール＞ガラガラ・鏡というように、対象によって反応の確かさに差がある、②母が急に相手になるのをやめると、持っていたガラガラをそれまでとは違う放り方をする、③検査者の「ちょうだい」に対しては素知らぬ顔をしていたが、その後、検査者が退出したときに母が「ちょうだい」と手を差し出すと、ポトッと落としてあたかも渡そうとしたという。

そして、2歳11か月時には、仰臥位からの「引き起こし」をしたことに対してしつこく泣く、さらに検査を続けると少し間をおいて検査者を見ながら悲しそうに泣く、追視の課題とわかると前回のように視線をそらすのではなく、検査者をさらにじっと見つめていた。

・4歳中頃まで

発作が増加し3歳4か月に2回目のACTH療法を行った。その後の眠気が強いなかにあっても、外界への興味や関心を感じさせる4歳中頃までを、一つの時期として取り出すことができる。

治療中、ATNRが出現したり、瞬目反射が出にくくなるなど、一見発達退行とも思えるような状態になった。しかし、おもちゃには目を半分伏せて眠たそうな顔をするが、ビデオカメラや絵本は、比較的よく見ていた。特に、検査者が話しかけると検査者の顔を見つめるようになった。
　ACTH療法後も発作はコントロールされにくく、日常的にも午前中は眠っていることが多いとのことであったが、発達相談の場面でも眠そうにすることが少なくなった。身体機能では、伏臥位での頭挙げをするようになったり、顔にかかった布を取り除こうとするなど、能動的な運動や活動が増大しているにもかかわらず、発達検査の課題では眠そうになり、揺さぶったりくすぐったりして覚醒させつつ検査をする日もあった。

・現在（5歳6か月）まで

　言語の認識の確かさを眠気のなかにも観察することができた現在までを、一つの時期として取り出すことができる。
　4歳5か月時の発達相談でも、追視などの検査をしていくと次第に寝入っていった。そこで検査をやめて、「お母さんいる？　お母さんどこ？」などと話しかけると、急に目を開け、一生懸命に母を見ようとした。その努力を十分に受容し、「手を挙げて」「反対の手は？」と問い続けると、手が微かに動いた。それを励ますと、次第に手の動きが大きくなっていった。絵カードを用いて「○○はどれ？」とたずねると、そのほうを見て答え、さらに「大小比較」を試みたところで発作を起こしてしまった。
　その後、S児の発達相談では、言葉の課題への応答と随意運動の力を確認していくようにした。4歳11か月では、絵カードによる「○○はどっち？」に対して、まずは視線で応答、検査者が「手でも教えて」と促すと、不随意運動をともないつつも、左手で問われたほうのカードにふれようと試みた。左手が届かなくても、視線はそのカードからそらさなかった。この時は、「大小比較」の課題にも正答できた。
　5歳6か月時は、しばらくできなくなっていた寝返りを入室直後からしきりに

するようになっていた。しかし、ぬいぐるみの提示からはじまった発達検査に対しては、全身脱力して無表情な反応を示すだけだった。

● まとめ

　S児の経過を見直していくと、いくつかの注目すべき時期がある。

　まず、1歳7か月時に、左手にガラガラを持っているときに、もう一つのガラガラを提示すると、視線を向けて右手が出てきている。鏡を裏返すと、鏡像の消失を訴えるように検査者と目を合わせるようになっている。それ以前から、検査者がガラガラを振るとじっと見てガラガラを持っている右手を動かしたり、両手にガラガラを持たせると交互にゆっくりと動かし、右手を左手に打ちつけていくような動作が見られている。これらを総合すると、この時期に乳児期後半の発達段階へ移行しつつあったのではないかと推察される。つまり、「もう一つ」への志向、「ある―ない」の関係の発見である空間の永続性の芽生え、そして、「自―他」の分化などによって特徴づけられる乳児期後半の「連結可逆操作の階層」への移行である。

　次に、1歳11か月に、ガラガラよりも人形のほうに注視が持続する、検査者の動きは目で追いつつ検査者が呼びかけると視線をそらす、2歳2か月になると提示された対象によって反応の確かさの差がいっそうはっきりし、「ちょうだい」への応答も相手によって違うなど、人や対象への選択性の拡大がうかがえる。鏡を裏返すと笑うなど、期待反応ともとれる応答もあり、2歳前後に生後10か月頃の「示性数3形成」の力を獲得しようとしていたとみられる。

　2歳11か月になると、検査者に向かって泣く、検査者をじっと見るなど、「イヤ」を表現しようとする意思表示や検査者の意図を確かめようとする構えがうかがえる。その後の経過と合わせて考えると、この時期に1歳半頃の「次元可逆操作の階層」への移行を達成しようとしていたとみられる。

　このように経過を見直してみると、現在でも続くS児の「眠り込み」は、発作や抗てんかん薬の副作用によって説明されるものではないようだ。5歳6か月の

様子をビデオで見直してみると、S児が寝返りしつつ見ていたものは、まさにそのビデオカメラであった。おそらく、カメラに触れたかったのだろう。ところが、検査者が差し出したのはぬいぐるみであり、本児の意図をくみ取らないままに発達検査は進んでいった。そのときの虚ろな瞳、脱力したからだで、S児が何を伝えようとしていたのか、今となっては、うかがい知ることはできない。

　S児の家庭訪問をした際、家庭ではよく声を出し動きが活発だった。身体機能においては、一時ATNRが頻発するほどに退行を示した彼女であるだけに、その活発な姿に驚きを禁じえなかった。S児の特注の座位保持いすの話をすると、いすを見たり検査者を見たりしながら、「ウオーウオー」と話しかけてくる。膝をブロックすると足の突っ張りで前進することを発見したようで、その方法で隣の部屋へ進もうとしている。その視線は、姉がローラースケートを練習しているベランダに向けられていた。姉が戻ってくると、姉の持ち帰った給食の海苔が欲しいらしく、しきりに不随意な手を動かすので、「ちょうだいって聞いた？」と言うと、少し間をおいて「チャウチャウチャウ」と姉に向かって声を出した。

4 重症心身障害児の発達診断と「みかけの重度」問題

1. 一人ひとりの発達要求を認識する

　重症児の場合、姿勢、運動、手指の機能にマヒがあり、視覚や聴覚などの感覚もその機能に不安定さがある。また、てんかんなどの疾患や健康の状態にも影響され、活動意欲や覚醒のレベルが高まりにくい。

　従来の発達診断は、姿勢、運動、注視・追視、音源探索、リーチングや把握などの運動や感覚機能の反応、ほほえみなどの情動の反応の情報を総合して判断するものであった。特に、乳児期の発達段階である「回転可逆操作の階層」における発達診断は、それに頼ることになる。そのために当然のことながら、

運動機能や感覚機能の現象的な特徴から、「回転可逆操作の階層」にあると想定される子どもに対しては、運動機能や感覚機能の発達状況をとらえるための項目によって構成される発達検査を行い、「回転可逆操作の階層」のどの段階を、どのように獲得しつつあるのかという発達診断を行うことになる。つまり、この発達診断では「回転可逆操作の階層」であることが既定枠となってしまう。

　しかし、そのように想定された子どものなかに、事物・事象・活動の言語による共有のみならず、初期の概念を獲得しているのではないかという心証をもつさまざまな事実が集積されるようになった。発達診断を生業とする我々は、「想定」そのものを覆す責務を負うことになった。

　このような課題意識のもとで、本章の重症児についての検討、そして次章のレット症候群の子ども、次々章の自閉症の子どもへの検討を筆者らは連続して行うこととなった。その結果をふまえて、問題提起的な意図をもって、あえて「みかけの重度」問題と総称して発達診断の方法を提案することとなった。

　一方で、特別支援教育になってからの子ども理解と指導法をめぐる状況は、どうなっているか。『特別支援学校学習指導要領』の「自立活動編」およびその『解説』においては、「ICF（国際生活機能分類）の考え方をふまえる」ことが強調されている。『解説』は、「自立活動」の内容を、「人間としての基本的な行動を遂行するために必要な要素」と「障害による学習上又は生活上の困難を改善・克服するための要素」を含むものであり、これが「ICFの考え方」と合致しているという。しかし『解説』の記述は、「障害による」困難のみならず、「基本的な行動を遂行する」ための子どもの課題把握に収れんしていく。たとえば「人間関係の形成」におけるさまざまな困難を「障害の特性」とともに例示し解説しているが、そこでの指導とは、「人間関係の形成」のための技能を、「繰り返し」「徐々に」「体験的に」「定着させる」などの方法をもって学習させることである。ICIDH（国際障害分類）からICFが質的に発展させた基本理念は、障害のある人々を障害というマイナス面からのみ理解するのではなく、人間として生きることの普遍性をプラスの面も含めてトータルにとらえようとする点にあるが、「学習指

導要領」における「ICFの考え方」は、その本来の理念とは異質のものである。つまり『特別支援学校学習指導要領』は、生きること発達することの普遍的な主体であるべき子どもをいっそう客体化する教育方法を徹底しようとしている。この学習指導要領において、当然ながら「発達の状況」あるいは「障害の特性」とは、子どもを客体化し外在的尺度でのみ評価されるものなのである。

　このような状況にあって、障害の重い子どもの「発達チェックリスト」「課題チェックリスト」と称する出版が相次いでいるが、その多くは追視、追聴をはじめとする感覚、手指などの末端の随意性を含む運動、ほほえみなどのコミュニケーションなどの現象的な機能の状況を「チェック」し、それに対応して「繰り返し」「経験させる」指導法をもって、機能や能力の「定着」を図ろうとするものになっている。

　子どもの感覚、運動、コミュニケーションの機能の状態を的確にとらえ、その状態に応じた教育的対応を行う必要があることはいうまでもないが、障害によって、制約された感覚、運動、コミュニケーションなどの目に見える機能への評価のみによる発達診断は、それを既定枠として子どもを診てしまうことに陥りかねない。その問題を、我々は「みかけの重度」として提案してきた。

　障害によって制約された感覚、運動、コミュニケーションの機能の状態を子ども自身が対象化しているのであり、そこには外界のみならず自己をも意識する主体が存在している。発達をとらえるという営為が、この主体の意識のありようや感情を無視してはならない。重症児が大人の課題提示に対して突発的に寝入る姿にも、提示された課題と向き合い、葛藤する子どもの意識と感情が隠れているのである。

　つまり彼らは、自らの発達的力量をもって外界のありようを感じ、かつ認識し、同様に自分自身のことも見つめているのである。そして創造と変革という志向性をもって、外界と自分自身に働きかけようとしている。これが、目には見えないけれども確かに存在する発達要求である。乳児期の発達段階（「回転可逆操作の階層」「連結可逆操作の階層」）の子どもには、その段階から生じる発達要求

があり、幼児期の発達段階(「次元可逆操作の階層」)の子どもには、その段階から生じる発達要求がある。それを例示するために、今回の検討で得られたおおよその傾向をまとめてみよう。

　乳児期の後半の生後10か月頃(「示性数3形成期」)に至るまでの子どもは、たとえば対象との距離や位置によって、自らの機能と機能の制約を対象化している。自らの手の機能では把握できない距離や方向を、繊細ともいえる感受性で感じ取っている。

　1歳半頃の「次元可逆操作の階層」への飛躍を達成しようとしている子どもは、言語によって伝えられた他者の意図(要求)を受けとめ、「○○ではない□□だ」という「1次元可逆操作」によって弁別・選択し、自らの意図(要求)によって応え返そうとする。この発達段階の重症児は、言語や身振りなどの表現手段の制約はあるが、可能な限りの機能・能力を働かせて「要求」しようとする。その要求や期待が実現しなかったときに、さまざまな方法で悔しさを伝え、反抗する。つまり、そこには他者にも意図と要求があることを認識したうえで自らの要求を伝え、「自—他」関係を調整する自我機能が芽生えている。しかし、その一方で、要求の主体になりえても、活動の主体となることができない自らの機能・能力の制約(不自由さ)を対象化し、その葛藤する心理を動揺、抵抗、回避で表現しようとする。

　この飛躍を達成したうえで、2歳後半からの「2次元形成期」に踏み入ろうとしている子どもは、「大—小」に代表される「対」を、異なった単位として区別し、対比を確定する(決めきる)ための自我の発達を求めている。また、その対比的尺度によって社会的な関係の中にある自己を対象化し、「大きい自分」になりたいけれどもなれない、思い通りにならない現実を前に葛藤し、苦しんでいるはずである。

　2歳後半から4歳頃の「2次元形成期」から「2次元可逆操作期」に至る子どもは、たとえばわざと反対の答えを出してコミュニケーションを主導しようとするように、大人より優位に立ち、自己顕示し、それを認められたいと願っている。

それゆえに「認められない現実」、つまり「活動の主体」になりたいのになれない自分を前に苦しんでいるはずである。

このような特徴は、障害のない子どもの発達過程においても観察される。つまり、重症児の発達にも、共通・普遍な発達要求が貫かれているといえよう。

しかし、たとえば「大―小」を別々の単位として区別し、対比することを「決めきる」ことができないで苦しんでいる障害の重い子どもは少なくない。おそらく、「次元可逆操作の階層」への飛躍において、意図した通りに「入れる」「渡す」「積む」などをやりあげ、他者の共感や意味づけによって達成感を蓄積していくこと、そうやって自らの活動を「締めくくり」、次の活動を見通して展開していくことなどは、経験できないままである。そういったことが、活動の単位を形成し、それを区別したり対比し、あるいは時間や空間の見通しとしてつなげていく「2次元形成」に、特別の困難をもたらしているのだろう。

このように、ここでの発達診断は、単なる発達段階の確定ではなく、「子どもの歴史」ともいうべき「過程」をとらえ、重い障害をもって生きてきた子どもの個別的な生活のありようへと視野を広げて、一人ひとりの発達要求をとらえるという「深み」をもったものでありたいと思う。

2. 重症児の発達診断法のために

我々は、重症児の発達診断において独自の工夫を取り入れて精神発達の段階を診断しようと試みてきた。しかし、実際には子どもの視覚に頼らざるを得ない場面が多く、そこに障害による制約があるために、さまざまな難しさに遭遇する。また、言語の課題を中心としてみているが、表象、空間認知、記憶などの諸機能の発達を検査・診断する方法の開発には、今のところ着手できていない。さらに、重症児は、どうしても介助されることがほとんどで、生活経験が乏しくなりがちであるが、子どもの生活に即した検査課題を考える必要性もあるだろう。

マヒや不随意運動があると、同じ動作や反応に対して、検査者間で評価の食い違いもおきやすいので、映像記録を用いての診断・評価という集団的な体制の確保が求められる。特に、「みかけの重度」ではないかという問題意識での発達診断を行う場合には、乳児期前半の「回転可逆操作の階層」にある乳児でも、大人の視線や手指の動きに敏感に反応できる能力をもっていることに留意して、無意識に示唆を与えていないかに注意する必要がある。

　以上のような方法上の課題を検討していくためにも、基本となる以下のような認識が問われている。

　第一に、我々は、家族や教師・指導員などにより語られる子どもの姿としての生活的事実を、発達診断のための情報収集において過小評価し、既成の発達検査法による発達診断に依存しすぎているのではないか。換言すれば、生活的事実と発達診断の「ずれ」そのものを重視して、その要因を検討する必要がある。

　第二に、これまでの発達検査と発達診断は、定められた手技と制限時間、既定の評価基準という枠のなかでの情報入手であるので、それを厳格に適用すると、重症児の多様な表現や長い時間を必要とする課題遂行過程を許容できずに、方法と分析の柔軟性を排除してしまう危険性が高い。既成の発達検査法は大切な手がかりとなろうが、教育や療育の実践のなかでの発達診断のためには、発達検査は柔軟に創意をもって開発され、使われる必要がある。たとえば検査道具にも、子どもの年齢段階や経験の拡がりに留意して、一人ひとりに応じた文化性をもたせてみることもあってよい。つまり一般化された刺激としてではなく、子どもにとって意味がある個別化された発達検査を工夫する必要があるということである。

　第三に、発達検査、発達診断は多くの場合、子どもにとって自らと向き合い新しい自己を発見しそれを学習していく契機となるのである。そのことにふさわしいていねいさや誠実さをもって検査者は対応しなければならない。子どもの小さな能動性の発露も見落とさずに、一つひとつに共感し、励まし、課題の達成にともに向かおうとする姿勢を大切にしたい。このような検査者による意

味づけや価値づけは、子どもの応答への条件づけとなるものであり、通常は発達検査からは厳格に排除される。しかし、子どもが課題に対する発達のレディネスをもたないならば、共感や意味づけも子どもの反応を条件づけ、強めることはできないだろう。つまり、これらの共感、意味づけ、価値づけ、激励は、発達の準備状態を知って発達診断を行うためにも、大切な方法上の意味をもっているのではないか。

[文献]
白石正久（1994）『発達障害論・第1巻―研究序説』かもがわ出版。
白石正久（2009）発達障害と発達診断（白石正久・白石恵理子編、『教育と保育のための発達診断』pp.242-268）全障研出版部。
白石正久（2013）重症児の発達診断についての実践的研究、障害者問題研究、第41巻第3号、pp.194-201。
白石正久（2014）『発達と指導をつむぐ―教育と療育のための試論』全障研出版部。

第6章
機能的退行の背後にある精神発達
── レット症候群

1 │ レット症候群とは

　レット症候群（Rett syndrome）(註13)は、1966年にオーストリアの小児科医であるレット（Rett, A.）によって最初に記載された疾患である。しかし、この論文は長いあいだ注目されることはなかった。1983年、スウェーデンの小児科医、ハグバーグ（Hagberg, B.）が自らの症例を発表してから、小児神経医学のトピックの一つになった。持続する手の常同行動を代表的な特徴とし、女性にのみみられる疾患である（男性は胎生致死の可能性が高い）。

　その出現率は、およそ1万人から1万5千人に1人とされ、わが国では1千人を超える患者数があると推定されている。「難病」に指定されている。

　レット症候群が一つの疾患とし

写真28　レット症候群のある子ども（写真：豆塚猛氏）

て認識されるようになるまでは、運動障害があるゆえに「脳性麻痺」と診断されたり、手の常同行動や視線の合いにくさがあるために「自閉症」と診断されることも少なくなかった。あるいは、てんかんを合併することもあり、基礎疾患不明のまま「てんかん」と記されることもあったろう。実際、DSM-Ⅳでは、レット症候群は、広汎性発達障害、つまり「相互的な社会的関係能力、コミュニケーション能力など、いくつかの領域での発達の重篤で広汎な障害、または常同的な行動、興味および活動があることで特徴的」な障害の一つに位置づけられていた。しかしその後、遺伝子レベルでの原因解析がなされ、それがおおよそ特定されたこともあって、DSM-5 では「自閉症スペクトラム」からは除外されることとなった。

けっして高い出現率の疾患ではないが、特徴的な常同行動や退行的な経過があるゆえに、学校教育等においても、多くの関心がはらわれるようになっている。

代表的診断基準の要点、および筆者の臨床的な経験認識を記すなら、次のようになる。

1. 発症の時期

妊娠中や周産期、生後 6 か月ないし 1 歳半頃までは、正常な精神運動発達を示すとされる。ところが 1 〜 2 歳頃より（1 歳中頃が多いが）、「マンマ」などの言語の減少・消失、手の目的をもった使用の減少とともに、手の特徴的な常同行動の出現、表情の乏しさ、目の合いにくさ、周囲への無関心さ、興奮しやすさが目立つようになる。この初期の退行的な現象は急速に進行する。

発症以前の特徴として、白石ら（1995）は、乳児期の人見知りが確認されなかった児と、四つ這いをせずに歩行を獲得した児が多いことを指摘した。

2. 手の常同行動

レット症候群の中心的特徴である手の常同行動は、児によってさまざまな特

徴をもつ。たとえば、手をたたき合わす、手をもみ合わす（「手もみ」と称することがある）、手を口に入れ出しする（両方を交互に入れたり、一方を入れる）、手で頭髪をむしるように引くなどの動作をリズミカルに繰り返す。これらは、睡眠中以外は続くことが多い。したがって、この常同行動の顕在化とともに、対象への手のリーチングは減少する。しかし、食べ物へはリーチングがみられ、自分の手で食べることが維持されることもある。あるいは、自分のからだのかゆいところを自由にかくこともできる。外界へのリーチングが制約される一方で、目的をもって自分のからだに触れることは可能である。

3. 運動の障害

　歩行が困難な児と可能な児がいる。困難な児の場合、歩行を一度も獲得することなく経過する場合と、一度は獲得しながら歩けなくなる場合がある。いずれにも、初期には筋緊張の低下、やがて下肢に伸展性の筋緊張の亢進がみられる。歩行ができなくなる場合、このような筋緊張の亢進が姿勢転換を困難にし、意欲の減退もあって、結果として自分から立ち上がって歩行することができなくなることが多い。歩行が可能である児の場合も、下肢の筋緊張や失調は亢進しやすい。下肢を伸展したままの歩行は、歩幅が短く、重心のかかりやすい方の下肢側にからだを傾けて歩く姿勢になる。
　歩行の有無によらず、脊柱の側彎の進行や片方の手のリーチングの困難などが進行することも多い。
　運動障害の進行は不可避であるので、歩行を獲得している児も含めて、生涯にわたる継続的な機能訓練が不可欠である。そして、家の内外の空間において、良き見通しをもち、それを目指して意欲的に移動し活動できる日々の積み重ねが大切である。

4. 精神発達の障害

　本疾患の場合、先述の通り発症の初期から表出言語の減少・消失、手の目的をもった使用の減少、認識発達の遅滞が指摘されていた。また、一見した周囲への無関心さの強まりもあって、発達は退行的経過をたどるとの見方が有力である。
　しかし、そのような総体的な退行ではなく、表出言語はなくとも認識発達は年齢とともに相応にみられるとの指摘もある。筆者の研究は、それを裏づけるものである。

5. その他の特徴

　覚醒中に、無呼吸や過呼吸を繰り返すことがある。この無呼吸に歯ぎしりをともなうこともある。
　2～4歳頃に、強直間代発作を初発することがある。また、眼球を上転させ、欠神発作様の状態でからだを前傾させることもある。脳波異常を有する児が多く、棘波、棘徐波が頭頂部、側頭部を中心に頻回に出現することがある。また高振幅不規則徐波が多量に出現することもある。本疾患にとって、てんかんの治療は大切なことである。

2 │「発達の障害」の特徴

　失調、歩行困難などの失行、側彎などの変形、手指操作や道具的操作の制約、発語の減少や消失がみられるなど、機能の制約、退行がみられることは確かだ。しかし筆者は、そのような機能上の変化をもって発達退行と診ることはできないと考えるようになった。それを、以下で具体的に検討していくこととする。

1. 自らの機能的制約の進行の対象化

　身体機能と精神機能は相対的には区別された関係にあるのであり、その区別を前提にして発達をとらえていく視点が求められる。レット症候群の子どもの多くには、リーチングの抑制がいずれかの手に先行して優位に現れるが、彼女らはその非対称に進行する手の機能の制約をどのように認識するのだろうか。
　白石（1991）は、経過観察に関わった27名のレット症候群の子どもに次のような働きかけを行った。
　児の正面の机上標準点に二つの器を提示し、そのなかにイチゴ、ミカンなどの模造品を入れ、「どっちが好きかな？ 好きな方をどうぞ」と促す。
　リーチングに使われた手には次のような特徴があった。年齢が5歳までの場合、9名のうち5名が左手優位あるいは左手のみ、3名が右手優位のリーチングであった。1名は、いずれの手でもリーチングすることが可能であった。このうち、左手のみの2名、右手優位の2名には、反対側に選択的志向性（好んで選択していると思われること）のある対象を提示すると、ぐずる、涙を流す、何かを訴えるように母を見つめるなど、リーチングできない感情を表出するようなしぐさや表情があった。
　6歳から10歳までの場合、10名のうち4名が、左手優位あるいは左手のみ、3名が右手優位あるいは右手のみのリーチングであった。2名はいずれの手でもリーチングすることが可能であったが、1名はリーチングがみられなかった。このうち、左手優位あるいは左手のみの2名、右手優位の2名が、反対側に選択的志向性のあるものを提示した場合、リーチングできない感情を表出していた。
　11歳以上の場合、8名のうち2名が右手のみ、1名が左手優位だった。1名はいずれの手でもリーチングすることが可能であったが、4名はリーチングがみられなかった。このうち、左手優位の1名が、反対側に選択的志向性のあるものを提示した場合、リーチングできない感情を表出していた。
　リーチングできない感情の表出とは、たとえば次のような事例である。

> **事例 1**

　6歳7か月当時、フラフラと左右にからだを動揺させる失調はあったが、自立歩行や走行は可能であった。5歳まで左右の手ともリーチングがみられたが、6歳になり右手の拇指と示指の対向把握が難しくなり、右手でのリーチングと把握をしなくなった。左手も拇指がやや内屈し把握が下手になりつつあった。右方に好きな食べ物を提示すると、リーチングの難しい右手で机上にあった検査者の手をたたき、何かを訴えているようであった。また、ポテトチップスをおよそ2cm径で供すると、それを注視して口を近づけ、リーチングの可能な左手を使わなかった。そして不機嫌な表情になり、手もみが長く続くようになった。それより大きいものであるなら、リーチングしてつかみ、自らの手で口に運ぶことが可能であった。

　制約がある手の側に好きな物を提示されたとしても、他方の手で正中線を越えてつかめばよいのだが、彼女らはそれをためらうことが多い。そして、そのような抵抗のある課題を提示した相手に対して、悲しそうな表情や怒りの表情をもって感情を伝えようとするのである。レット症候群の子ども自身が、一方の手に先行して現れる把握やリーチングの制約を認識できるゆえに、そこに何らかの感情や葛藤が生じて、目に見える心理的反応となって現れるのではないか。手の常同行動の出現やリーチングの減少など、レット症候群の基底にある神経学的異常によることにも、心理過程の関与があることを考慮しなければならないと筆者は考える。

　このようにレット症候群の子どもは、手指操作にみられる機能的制約やその進行を自ら対象化している。そのとき、リーチングしにくい位置や把握しにくい大きさで提示されるとイライラや葛藤が強まり、それが手の常同行動を強化する場面も見られる。また他者によって提示された対象には、他者の意図が内包されている。レット症候群の子どもが、このような他者の意図をとらえる力をもつなら、イライラや葛藤は自らの機能の対象化のみから生じるものでなく、

他者の意図への心理的反応といってもよい。

そうであるならば教材や活動が、機能の制約への悲観的な感情や他者の意図への心理的抵抗を凌駕して、意味や価値をとらえやすく興味・関心にかなう魅力的なものであることが望ましい。また、使える機能での活動を大切にしつつ、その達成感を基盤として、制約された機能の活動にも挑戦してみようとするような教育的配慮が必要だろう。

2. リーチングの減少と発達との関連

事例1から、レット症候群の子どもの機能の制約や常同行動の変化は、それを対象化する児の心理過程と無関係ではないことが示唆された。その典型的な事例をさらに紹介したい。

事例2

現在8歳3か月。特徴的な経過としては、乳児期に伏臥位での肘支えを好まず、四つ這いもしなかった。2歳頃より、眼球の中央偏位、言葉（マンマ、パッパッパ）の消失、持続する「手たたき」の出現があった。つかんだものは、手あたりしだい噛むようにもなった。その頃から、右手からのリーチングが先行し、把握しては口へ運び、すぐ側方へ放ることを繰り返した。しかし左手によるリーチングも、左方のものには可能であった。また、いずれの手でも拇指と示指による対向把握が可能であった。

2歳後半になると右手のリーチングが減少し、一時は改善するが3歳中頃になると右手の指すいの増加とともに再び減少する。この時期より、左手でも拇指と示指の対向把握は難しくなった。一方、どのような対象であっても、「対」の状態で二つ提示すると、それを頻回に見比べるようになった。この頃より、生活においてはテレビを注視するような姿がみられ、じっと見て判断しようとするような「間」（間接性）をもった対象との関係が成立しはじめていた。また、母とそ

の鏡像、手のなかのボールとその鏡像を見比べたり、裏返された鏡に手をかけて表に復そうとするなど、二つ以上のものの因果関係をとらえようとする関係認識と対象の永続性（見えなくなった対象の存在を認識する力）の芽生えが観察されていた。そのような外界認識の確かさが変化への不安を招いたのか、母との分離不安や入室拒否が顕著にみられるようになった。一方で、提示された対象へリーチングして把握できると、必ず検査者と視線を合わそうとするなど、対象と他者との関係認識も芽生え始めていると推察された。

ところが、4歳になるとリーチングはするものの、うまく把握できないときに強い苛立ちをみせるようになった。たとえば積木を二つの器のそれぞれに入れて提示すると、それを見比べ左手で左の器の積木を把握しようとするのだが、握り込むことができない。右の器に転じて把握を試みるがうまくいかず、イライラを増幅させていった。この時点では、右手でのリーチングが左手で把握しにくいときなどに、まれにみられていた。

さらに、保育所4歳児クラスへの移行（3歳より入所）という環境の変化を経て4歳になると、右手示指を口へ入れ、そこに左手の示指以下の4指をリズミカルに打ちつけていくという新しい常同行動のパターンが出現した。この常同行動が持続すると覚醒の水準が低下し、表情の生気が失われていくように見えた。積木を二つの器のそれぞれに入れて提示すると、左手の手掌で左の器の積木に触れるが、こわいものに触るが如く把握を躊躇した。このとき、何度も正面にいる検査者に視線を向けた。この時点から、右手でのリーチングはまったくみられなくなった。右方に提示したものには、左手でのリーチングも躊躇することがあった。それを左方に移動させると、すぐ左手でのリーチングが出現する。右手の機能の制約が、正中より右方の世界を忌避する心理をもたらしているとみられた。

4歳後半で、リーチングはまったく消失する。5歳3か月より口唇を鳴らす常同行動が出現し、食べ物が口に入っていても、口唇を鳴らし続けることがあった。また、試みに右手を抑制して手の常同行動に介入すると、左手でリズミカルに胸をたたくことや、足を踏みならすことに転じる。からだのどこかにリズムを生産

しないではいられないようだった。常同行動が持続するなかで呼名への反応も不確かになり、本児から検査者に向ける視線もほとんど見られないなど、一見「自閉的な世界」を形成しはじめているようにも見えた。このような状態は、就学の後にほほえみを交わし合うような情動的交流を復活させ改善されてきているが、リーチングは8歳になってもみられなかった。

　本児のリーチングが消失していく過程で注目される現象は、①3歳中頃より、対の関係認識や対象の永続性が芽生えはじめたことを契機に、外界の変化への不安が拡大していること、②4歳頃より、拇指と示指の対向把握を試みるがうまくいかず、苛立ちをみせていること、③右手でのリーチングが困難になるにともなって、正中より右の対象を忌避し始めていることなどである。さらに、④リーチングが消失する一歩手前の4歳前半において、対象に触れつつもその把握を躊躇するときに、検査者に不安な視線を頻回に向けてきたのは、本児の何らかの心理的訴えではなかったろうか。本児の機能の状態をさまざまに検査しようとしていた筆者に対して、率直な拒否の感情を向け始めていたとみることもできる。

　このようにリーチングの制約には、対象の物理的状態（大きさ、形状、子どもからの位置や距離）と自らの機能の制約の進行との「ずれ」、対象に込められた他者の意図に対する不安と抵抗によって生じた心理的葛藤が関与しているものと思われる。そこには、対象の永続性の芽生えにともなう対象とそこに込められた他者の意図との関係認識（通常生後10か月頃から1歳半頃にかけて発達）、自らの活動の結果を予期したり評価する力（1歳半頃から発達）などが関与していると考えられる。すなわち、1歳半の発達の質的転換を達成するときの心理的発達と無関係ではなく、発達の質的転換とともにリーチングの躊躇や葛藤が顕在化しているのである。

3. 言語の認識の可能性

このように発達過程を遡及すると、言語が消失したりリーチングが減少するなどの機能の特徴から判断して、乳児期の「連結可逆操作の階層」にあると診断されていたレット症候群の子どもが、実は言語の理解が可能な幼児期の「次元可逆操作の階層」にあるのではないかと考えられるようになった。自発語がほとんどないために、それによって発達を評価することはできないが、言語理解のレベルは、以下のような方法によって診断することができる。以下はレット症候群の子どもの言語認識の発達をとらえようとした筆者らの試みである。

白石・瀧口（1995）は、経過観察に携わっていたレット症候群の子どものうち、5歳以上の15名に対して、主として以下のような「K式乳幼児発達検査」（「新版K式発達検査2001」）の下位項目、またはその応用によって、発達検査を実施した。

* 「絵指示」「身体各部」（「犬はどれですか？」「口はどこですか？」などのように、「○○はどれ？」にどのように応答するか。障害がない場合は1歳中頃から後半の「1次元可逆操作期」の課題）。

* 「大小比較」「長短比較」（「どちらが大きい丸ですか？」「どちらが長い棒ですか？」などのように、対比的認識を問う課題にどのように応答するか。2歳中頃から3歳頃の「2次元形成期」の課題）。

* 「了解Ⅰ・Ⅱ」（「もしお腹が空いたらどうしますか？」「もし学校へ行くときに雨が降ってきたらどうしますか？」などにどのように応答するか。3歳頃から4歳頃の「2次元形成期」から「2次元可逆操作期」の課題）。

* 「5以下の加算」（「飴を二つ持っているときにもう一つもらったら、全部でいくつになりますか？」などにどのように応答するか。5歳頃の「2次元可逆操作期」から「3次元形成期」の課題）。

本症候群の子どもは、言語や指示行動などの表現手段をもたないために、応答しやすいように独自に作成した絵カードや模造品を提示して、視線により正

答を選択できるように工夫した（163ページ、165ページを参照）。

　以上のような発達検査に限らず、「お母さん、お父さんはどこ？」「今日はだれと来たの？」「どの本読んでほしい？」「どちらが好きかな？」などという問いかけを日常会話のように行い、児の表現を確認した。また、自分の身体機能を対象化し制御する力を確認するために、「身体各部」に加えて「足をのびのびしてごらん」「手をそっとたたけるかな？」などとたずねてみた。

　ここでは、10歳未満のA児からG児までの7名（年齢の低い順である）の反応を、言語への反応の特徴により、次のような4つのタイプに区分して報告する。

① ［B児］B児が立ち歩きつつ椅子を常同行動のようにたたいているときに、「トントン」と声をかけながら検査者が模倣すると、本児も検査者を見てさらにたたく。続いて「トントンして」というと、もう一度いすに接近し手を置いて振り返る。B児は、鏡像と実像を見比べることもする。「絵指示」や「身体各部」への確実な応答はみられないが、言語による事象・事物の共有が発生する段階（生後10か月頃から1歳中頃）とみられる。

② ［E児］E児は、「お父さんはどこ？」などには視線で応えるが、実物であってもモノの名称がわかって視線で確認することはまれである。しかし、問われると検査者の顔と提示された対象を頻回に見比べ、相手の意図していることや承認の有無をとらえようとするかのような反応を示す。1歳前半の発達段階とみられる。

③ ［A、C、D児］3名とも、「お父さんはどこ？」「どっちがいい？」などに確実に視線で応答する。2枚の絵カードを提示し、「自転車はどれ？」などと問うと、問われたカードを注視する。「身体各部」では、鏡像でその部位を見るだけでなく、足を動かす（A、C児）、常同行動しつつその手をさし出す（C児）、口や目を動かしはじめる（D児）など、自分なりの方法で応答を試みる。そして、その反応を承認すると、さらに確かな反応を返そうとする。また、「もう一つの足はどれ？」「反対の耳はどれ？」に対して、手をもう一つの

足の上に置く（A児）、顔の向きを反対側に変えて耳を見せようとする（D児）などで応答する。他者の意図を認識し、身体、機能、活動を対象化し、自らの意図で制御しようとしている。「もう一つ」「反対」などの対の認識も獲得されはじめていることを考慮すると、通常1歳半頃の発達の質的転換を達成し、対比的認識の獲得に向かう2歳頃の段階にある。

④［F、G児］2名とも、上記A、C、D児と同様のレベルの反応を確認できる。ところが、「絵指示」や「大小比較」などの応答において、必ず反対の（正答ではない）カードを視線で選択しようとする。自分の好きなリズム遊びや得意な四つ這いのポジションなどは、求められればからだを動かして躊躇なく応じるのに、言語の課題になると、反対の答えを選択したり、「しっかり見て」の指示に逆らうようにうつむいたりする。G児は、机上の積木を「一つ」と「二つ」の塊にして並べ、「二つはどっち？」と問うと、2個の方を選択して注視する。同様にして、3個を選択することもできる。このような特徴から推察するなら、わざと反対の答えを出して相手を翻弄しようとするような3～4歳頃の子どもの心理的特徴とも符号するものがある。

この7名は、身体機能において、3～5歳頃より下肢の伸展性の緊張が亢進をはじめる（A、B、F、G児）、姿勢変換、方向転換がしにくくなる（D、E、F児）、把握が求められる活動でのリーチングが見られなくなる（A、E、G児）などの退行的経過を示している。しかし、このような機能の退行に精神発達の退行が並行するわけではない。むしろ上記のように、言語の理解、他者の意図の理解、「自―他」の意図の調整を試みる自我形成などにおける発達の事実を把握することができた。

つまり、10歳までの年齢においても、ほとんどのレット症候群の子どもが言語の理解によって何らかの認識活動を行うことが可能な発達段階にいるのである。言語が消失し、リーチングが減少するなどの退行的な現象はあるが、それにのみ目を奪われると彼女らの発達をとらえることはできない。

付言するが、これらの一人ひとりに観察される発達の事実やその経過は個人

差が大きく、多様である。手を支える介助によって指先などを使っての筆談ができる事例が報告されている。レット症候群の子どもの多様性を認識するために、さまざまな事例が注目されるべきだろう（霧原、2016）。

3 教育指導の視点

1. 常同行動を抑制することは可能か

　突然のように始まる手の常同行動、言葉や手の使用の減少は、原因がわからないゆえに、多くの不安をレット症候群の子どもの親・家族に与える。ほとんどの親や教育に携わる者が、手の常同行動を抑制することや手のリーチングを誘発することにエネルギーを費やす。もみ合わす手を抑えてみたり、一方の手をからだに縛りつけてみたりする。しかし、それでも子どもは手の常同行動をやめようとはしない。イライラしていっそう激しく常同行動を続けたりする。かつては、腕関節に筒状の装具を着けることによって、手が正中で合わないようにする方法が試みられたりもした。レット症候群の子どもの手の常同行動は、この疾患の基底にあるなんらかの神経学的異常によってひき起こされていることは疑いようがない。それゆえに子ども本人が、「やめようとしてやめられない」のである。

　手の常同行動の出現とともに顕在化する対象への触過敏性、非対称に進行する把握の困難などが、いっそうリーチングをためらわす。このような機能の制約の進行を対象化し、かつそれを何とかしようとして終始見つめ続ける大人の思いも感じ取っているならば、子どもにとって相当につらいことである。そのことを想い、現下の機能で十分に活動できるような教育内容・方法を考えるべきだろう。自己の機能レベルや制約の進行を精緻なほどに認識できる子どもであることを念頭に、対象の物理的性状（大きさや形）や提示する位置（子どもか

らの距離や左右の位置）にも慎重な配慮が必要である。

　レット症候群の子どもに限らず障害のある子どもの教育の基本は、現下の機能レベルを存分に発揮して、自分の活動を心地よく感じられる基盤を創ることである。その基盤の上で、子どもは新しい活動、「ちょっと難しい」レベルの活動に挑戦を開始する。

事例3

　現在9歳である。食べ物も含めてほとんどリーチングがみられなくなっていたが、「先生に、その手を貸してくれるかな」の言葉に応じて、筆者の手に自分の手を載せることができた。それがうれしかったのだろう。それから、繰り返し自らの手を筆者の手めがけてリーチングしてくれるようになった。「対象を把握する」という課題設定のもとでは常同行動を続けていたが、ちょっとしたことでも自発的に行えたことが本人にとってはうれしかったようだ。まず手を使ってほしいという大人の要求から子どもを自由にすること、そして子ども自身の手ごたえを尊重することが大切なのではないか。

2. 発達段階に応じた経験の保障と自我の発達への援助

　機能の特徴からは乳児期の発達段階と評価されてしまうレット症候群の子どもだが、ほとんどの子どもが、言葉の理解の可能な発達段階にある。子どもの発達段階は、事物の名称や簡単な活動を言葉で理解する「1次元可逆操作」の獲得期から、大きな精神発達の遅れをともなわない段階までの多様な分布を示している。繰り返すが、目に見える手指や身体の機能だけで発達を評価しないことが大切であり、慎重な発達診断を通して、子どもの親や家族に彼女らの発達の本当の可能性を理解していただくことが求められる。園や学校では、筆者らの試みている発達検査、発達診断の方法を参考にされることを期待したい（白石、1994）。

事例4

　現在13歳。座位は獲得しているが、移動手段はなく機能障害は軽くない。また、7歳くらいから過興奮が目立ち、その結果としてリーチングの減少と上体の不安定さが目立つようになった。筆者らは当初彼女を、機能的な特徴から乳児期の発達段階と診断していた。しかし、就学頃から報告される家庭や学校での様子に、乳児期の子どもとは考えにくい事実が散見された。たとえば、「大好きなお父さんの座る食卓の椅子に他の人が座ると、ずっとにらんで怒り続けている」などである。発達診断をやり直すべきという心証を得て、10歳において以下のような問いかけを行った。

　①「犬はどれ？」、「いすはどれ？」などに応えて、絵カードを弁別する（通常1歳半頃）、②「どちらが大きい丸ですか？」（2歳後半頃）、「どちらがきれいですか？」（3歳後半頃）などに応えて対象を弁別する、さらに③「飴を二つもっているときに、もう一つもらったら、合わせて何個もっていますか？」などに応えて、答えと同じ数の丸が描いてあるカードを弁別する（5歳頃）のいずれの問いにも視線で応え、さらに常同行動で組み合わせている両手を自ら解放し、正答のカードに左手を伸ばしてくれた。このように言語を理解して思考している姿を目の当たりにして、親も教師も本児の発達段階に応じての活動や社会的役割を学習する機会を増やし、本児もそれを心待ちにするようになった。その頃から移動やリーチングに意欲的な姿をみせはじめた。

　その一方で教師は、日常生活において「イエス―ノー」などの基本的な意思が自発的には表現できていないことに注目し、「〇〇食べる？」「買い物行きたいの？」「おしっこ行きますか？」などと問いかけながら本児からの応答を待ったという。すると、発声、視線などを交えて応えてくれるようになり、伝えられた喜びからか、いっそう確かな表現がなされるようになっていったという。

　子どもが新しい活動を獲得したり拡大していくことは、究極の教育目標ではない。その活動は、人間関係あるいは集団のなかにあって、自己の役割、自己の存

在の意味や価値を実感し、認識していくことへと導く牽引車である。子どもは、その発達段階に応じた発達要求をもっているのであり、その発達要求には「こうなりたい自分」と表現すべき自己の意味や価値の認識が内包されている。レット症候群の子どものように、特異とも言える行動、障害の特徴や機能の制約があると、そこに教育の目が焦点化されてしまうが、それらの背後にある人間としての普遍性ある発達要求への、感度の高いアンテナを私たちはもち続けなくてはならない。発達診断は、そのアンテナの役割を果たす実践的取り組みの一つである。

(註13) レット症候群 (Rett syndrome)

　近年MECP2が原因遺伝子であることが報告された。また早期からてんかん発作が重症であり発達の遅滞が顕著であるグループに原因遺伝子としてCDKL5をコードしている遺伝子変異、FOXG1をコードしている遺伝子変異などが発見されている。

　MECP2とは、X染色体上にある遺伝子であり、典型的なレット症候群の患者の90%以上において変異が発見されている。MECP2蛋白は、遺伝子DNAのメチル化シトシンに結合して、遺伝子の転写を制御する。MECP2蛋白の制御を受ける遺伝子は多数あり、MECP2の異常により発現量の増減に違いがある（青天目信・伊藤雅之編著『レット症候群診察ガイドブック』大阪大学出版会、2015年）。

[文献]

Hagberg, B. et al.（1983）A progressive syndrome of autism, dementia, ataxia and loss purposeful hand use in girls：Rett's Syndrome ; Report of 35 cases. Annals of Neurology, 14, pp.471-9.

井上美子・瀧口直子・白石正久編著（1999）『発達相談室の窓から―障害児医療と発達相談』クリエイツかもがわ。

霧原澪（2016）『話しかけてよ、ママ―あるレット症候群少女の叫び』文芸社。

青天目信・伊藤雅之編著（2015）レット症候群診療ガイドブック、大阪大学出版会。

白石正久・瀧口直子（1994）レット症候群のある子どもの発達的検討（Ⅵ）―言語認識の可能性について（1）（2）、日本特殊教育学会第32回大会。

白石正久（1994）『発達障害論・第1巻―研究序説』かもがわ出版。

白石正久・瀧口直子（1995）レット症候群の発達的検討（友久久雄編著『自閉性障害と教育効果に関する研究』pp.231-280）多賀出版。

白石正久（1997）レット症候群とアンジェルマン症候群―その発達障害について、障害者問題研究、第25巻第1号、pp.14-30。

第7章

1歳半の発達の質的転換期と発達連関の特殊性
――機能障害の重い自閉症

はじめに

ここでは、機能障害が重いとされる自閉症の子どもの「発達の障害」を、以下の二つのテーマで検討する。

第一のテーマは、1歳半の発達の質的転換期である「次元可逆操作の階層」への移行にみられる発達連関の個別性、特殊性として、「発達の障害」を検討することである。その「発達の障害」と自閉症の行動上の特徴との関連を視野に入れる。

第二のテーマは、運動機能や手指操作が制約された状態にあり、かつ感覚的な常同行動が続く行動上の困難の強い自閉症の子どもに、「みかけの重度」に類する傾向のあることを検討することである。

1 | 障害の重層的理解

「機能障害の重い自閉症」という言葉を用いるならば、それは、どのような障害の状況を説明する概念であろうか。「高機能自閉症」は、知的機能において遅れが「ない」ことを説明しているとされる。ここではその対極として、「重度」の知的障害のある自閉症のことを、「機能障害の重い自閉症」として想定することにする。しかし、自閉症の障害の重度感は、知的機能の障害によってのみ説明されるものではない。

DSM-5において改訂された自閉症の診断基準は、①社会的コミュニケーションおよび相互関係における持続的障害、②限局された反復的行動、興味、活動という要素を満たしていることであるが、これらは器質的障害が機能・能力、あるいは活動の発達に現れた制約のことである。

　自閉症の障害はこれらにとどまらない。随伴性の高い行動としての「同一性保持」、パニック、自傷、他傷、感覚過敏、多動などがある。加えて、本人にも周囲にもいっそうの生活上の困難を引き起こす行動の顕在化がある。たとえば、同一性保持が強迫的な性質を強めて、行動あるいは活動の変更を求める他者に対して、攻撃を繰り返すこともある。また、限られたものしか食べられない強度の偏食、本来食べないものを口にする異食、極度の頻尿、排泄物へのこだわり、周囲の困惑を予期する如くに繰り返す挑発的な行動、特定の刺激に対してかつての経験と感情を想起する「フラッシュバック」などが長く続くこともある。これらは、機能・能力の「発達の障害」、随伴しやすい行動と、それに対する周囲の関わり方や環境との相互作用によって発生した二次的な行動障害といえよう。

　以上のように自閉症の障害を重層的にとらえたとき、自閉症の障害の重度感は、「発達の障害」の軽重によってのみ規定されるものではない。まず、基底的（内的）要因としての「発達の障害」の様態があり、それに対して環境的社会的（外的）要因が関与することになる。その結果であり反応として、さまざまな活動・行動の傾向が現れる。その傾向は、活動の制限、社会参加の制限などの状況を媒介として、その後の発達過程に多様な影響をもたらすことになる。二次的な行動障害が顕在化するようなマイナス方向のサイクルに陥らないためには、教育ばかりではなく、家庭、地域、そこでの生活を支えるべき法制度・地域システムなどの広い意味での環境的要因への留意が必要である。

2 「発達の障害」と行動の連関

　このような諸要因の相互連関の過程を仮説したうえで、基底的（内的）要因としての発達および「発達の障害」の様態をいかにとらえるかが、まず課題となる。

　白石（1998、2007、2012）は、かつてこの連関を念頭においた分析を試みたことがある。そこでは、自閉症に内在する「発達の障害」を、機能・能力の特異的な発達連関の側面から仮説した。

　1歳半の発達の質的転換期、つまり「次元可逆操作の階層」への移行期でもある「1次元可逆操作」の獲得期において、「対」の関係を区別や同一の判断においてとらえる弁別認識が獲得されはじめる。このときは、さまざまな事物・事象を他者とともに共有したり、互いの意図のぶつかり合いで葛藤し、「自―他」関係を形成していくときでもある。したがって、事物・事象の区別や同一を発見したときに、それを他者と共有し合うような姿も見られる。その典型が「○○はどれ？」に指さしで応える「可逆の指さし」であろう。通常、この弁別認識と他者との事物・事象の共有には分かちがたい連関がみられるが、自閉症の子どもの場合にはここに「ずれ」が生じやすく、視覚を中心とした弁別認識が先行し、「自―他」の共有関係の形成には制約が生じやすい。

　典型的には、「K式乳幼児発達検査」（「新版K式発達検査2001」）の「絵指示」課題に答えることが容易ではない。「犬はどれですか？」などの問いに席を立ってしまう時期もあり、「どれ？」という言葉の意味理解の難しさだけではなく、そのように他者の意図によって「問われること」そのものに拒否的になっている。あるいは、応答はせずに自分から一つひとつを指さしながら命名することもある。そこには、一方向性ともいうべき「自―他」関係の特徴がみられる。

　この発達連関に生じた「ずれ」が、生活や教育のなかでのさまざまな外的要因との相互作用によって、その後の「発達の障害」や活動・行動に特徴的な様

態と変化をもたらす。それを素描するなら、以下のようになる。

1. 視覚的弁別認識の優位

　第一の傾向として自閉症の子どもは、二つ（「対」）の対象の区別や同一を判断する視覚的弁別認識を獲得していく「1次元可逆操作」の獲得期において、たとえば「クールマン・ターマンの図形弁別図版」(「形の弁別Ⅱ」)(写真29)などの弁別課題で、刺激図版と切り抜き図版を重ねようとすること(「マッチング反応」)に集中して、他者に同じ形であることを指さしで教えることが難しい。この課題は、10個ある刺激図版を提示した後で、「同

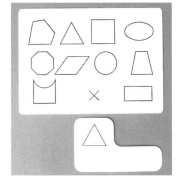

写真29
クールマン・ターマンの図形弁別図版

じものはどれですか？」とたずねつつ切り抜き図版を提示する。刺激図版の全体を見渡して、「○○ではない□□だ」という「1次元可逆操作」を発揮し、同じ形を発見して指さしで応答するものである。自閉症の子どもは、切り抜き図版を自分の手にとって刺激図版の上に載せようとする。「指さしで教えてね」と求めても、このマッチングでの応答を繰り返すことが多い。
　この傾向をもつ場合には、日課や物の位置関係の変更しにくさなどの同一性保持行動が顕在化しやすい。それは、時間的、空間的に二つの要因を結びつけると、それ以外の結びつきを受け入れることが難しいという側面と、他者の意図に対して拒否的で、自己防衛しようとする側面をもつ。

2. 対比的認識の動揺と他者の意図への依存性

　第二の傾向は、「大一小」の対比的認識など、通常2歳から3歳にかけての「2

次元形成期」での初期概念の獲得において、ある種の不確定さを示す事例に、特徴的な行動の問題がみられることである。

「大小比較」課題での対比的認識の不確定さとは、「どちらの丸が大きいですか？」の問いに一度は正答しながら、検査者がその応答に対して「OK」のサインを出さない状況をつくると、再問において誤答してしまうような傾向である。

この傾向をもつ事例は、他者による受容や承認の反応に依存することが多く、否定的な評価を受け続けたり、逆に肯定的な評価であっても相手にいつも見つめられているような心理的抑圧状況のもとでは、感情の不安定さを増幅させることがある。「良い―悪い」などという評価を潜在させた他者のまなざしに耐え切れないとでも表現すべき姿である。他傷行為をしてしまった否定的な自己をもちこたえることができず、苛立ちを増幅させて悪循環に陥ることもある。また、他者の意図への従属性が強まると、何事にも他者の指示や承認を必要とするような「指示待ち傾向」が顕在化することもある。

3. 対比的認識の確定と予期不安

第三の傾向は、対比的認識の不確定さを乗り越えたとみられる事例に、他者への挑発性のある行動がみられることである。たとえば、わざと物を放る、唾を吐く、注意の間隙をぬって遠方へ外出してしまうなどである。また、パターン化した問いを、不安感の強い場面などで繰り返し発することもある。また、予期不安があり、かつての恐怖の体験が再来するかもしれないという状況認識に至ると、パニック状態に陥ることもある。

原因と結果という因果関係の認識の発達によって、結果に対する明瞭な予期が可能になると、自閉症の子どもは図式化した行動パターンを形成するようだ。しかし、背景には自らの活動の結果の「出来―不出来」に対する予期不安など、図式的には予期できない自分への不安感が横たわっている。また、この段階の事例には、通学・通所を嫌がる傾向も現れやすく、それは状況のなかにある自

分という関係認識と、それゆえに生じる環境と自分との不調和な関係への不安感が、一歩を踏み出すことの足枷になる可能性を示唆している。

3 行動の問題を惹起する環境的社会的要因

　このような傾向をふまえると、行動の問題を顕在化させる環境的社会的（外的）要因、とりわけ教育指導などの周囲からの意図的働きかけのあり方を検討することも必要になる。

　たとえば、「同一性保持」が強迫性を帯びるほどになった事例に、刺激従属的な教育方法が長期にわたって多用されてきた経過がみられる。着席を長時間求められ、席を離れることが許されなかったり、モデルの手順通りの構成・表現などの刺激従属的な活動が多く求められるなどの場合には、自閉症の子どもは大人が指示する刺激に従属することで、環境と自我との均衡を調整しようとする。しかしその均衡は、皮肉にも他者の意図によって均衡が崩れることへの不安感を増強させ、自己防衛的な「同一性保持」を強化する方向で作用しやすい。

　生活には、同様の外的抑制が増強されるさまざまな要因がある。たとえば、集合住宅などの住環境のもとでは、周囲に気兼ねして子どもの行動を抑制しなければならない。また、親が刺激従属的な「学習プログラム」を選択して、家庭や放課後支援の場を利用して訓練することもある。その動機は、自閉症の行動上の困難さや、障害軽減への見通しのもちにくさなどから余儀なくされたものともいえよう。

1.「自―他」分化と意図の形成

　以上のような要因も視野に入れつつ、教育指導の視点を検討していく必要がある。

視覚弁別認識が発達的に先行する傾向に対して、二つ（「対」）の対象の弁別や結合を行うマッチングを教材として選択すると、子どもはわかりやすさゆえにその活動に傾注することになり、結果として他者という存在は必要のないものになってしまう。行動としてのマッチングを目標とするだけではなく、「一つ」と「もう一つ」を合わせることが、子どものなかに達成感を生み、それが他者との共感に必然的につながっていくような教材や指導でありたい。子どもは、このような人間関係のなかで受容・承認されることを通じて、「対」を関係づける活動に「入れる」「渡す」「載せる」などの意味と価値を形成するようになる。そのことは、他者従属的ではなく自らの意図と要求を意識して活動する主体、すなわち自我の形成の契機となる。

　しかし自閉症の子どもは、この自我形成が不確実なままに対比的認識の獲得をはじめることになりやすい。その一つの表れが、対比的認識の動揺あるいは長く続く不確定さであり、付随して何ごとにも他者の承認を必要とする状況であろう。このように他者に心理的に依存しながら、一方で他者によって見つめられていることへの苛立ちをもつ。その矛盾した心理が感情的な不安定さや攻撃行動となって現れることになる。

　この心理的不安定さが顕在化する頃、「K式乳幼児発達検査」における「トラックの模倣」および「家の模倣」への応答に、留意すべき傾向が現れる（93ページ、図4参照）。「トラックの模倣」では、4つの積木を対称的に構成しようとする。ときには、モデルも対称に造り替えようとする。このとき「家の模倣」は難なく構成することができる。通常、「トラックの模倣」は子どもの眼前でモデルを造って見せるのであり、「家の模倣」は視覚遮断して造り方は見せないことになっている。したがって、「家の模倣」の方がやや難しいのだが、自閉症の子どもはこの通過の順が逆転しやすい。明らかに対称性への志向が強く、換言すれば非対称性を忌避する心理が推察される。モデルという他者の意図がこもったものを受けとめて応えようとする心理と、そのモデルを忌避する心理が葛藤している。

　このような二次的ともいえる不安定さを招かないためには、上述の通り、

単なるマッチングではなく、「入れる」「渡す」「載せる」などの意味と価値を他者との共有関係のなかで認識し、活動の確かな手ごたえを蓄積していくことのできる生活が求められる。

　この段階での達成感の蓄積は、「ほめられるからうれしい」という他者に依存する動機を脱して、他者の意図から自由になった主体へと変化していくことに寄与するだろう。その結果として「自―他」の意図の分化がなされるゆえに、他者の意図を受け入れがたくなり、「自―他」の葛藤によるパニックや攻撃的行動を招くことになりやすい。しかし、その葛藤のなかで、互いの意図を調整できる人間関係を形成していくことができる。

　ただし、この過程を短時日で平穏に経過することは難しく、粘り強い指導や支援が望まれる。自閉症の子どもの興味や関心を大切にして、大人のお仕着せではない子どもの興味の対象や要求を形成していくこと、心理的な不安定さを自ら調整することができる時間や空間を保障することなど、実践によって具体的に検討していくことが求められている。

2. 二分的評価の克服

　対比的認識を獲得しつつある自閉症の子どもは、時系列における不確定さ、つまり「○○してから□□する」というような、活動の単位に新しい単位をつないでいく見通しがもちにくいゆえに、不安感を高めやすい。すでに述べたように原因と結果を「一対一対応」で結びつける図式的な活動パターンに陥りやすいのも、この見通しのもちにくさを回避したい自閉症の子どもの心理的特徴であろう。スケジュールを写真や絵カードで提示することが、実践の初期段階では奏功しているように見えるのは、上記のような傾向があるからである。

　一方でこの段階での見通しの問題は、時系列に限定されるものではない。自らの活動の結果の「出来―不出来」に対する予期不安など、図式的には予期できない自分への不安がある。その不安感の強まりとともに、「できる―できない」

「上手―下手」というような自らの活動の結果への二分的評価が形成されやすい段階でもある。しかし、教育指導は往々にしてこの不安感への配慮を欠き、活動の結果が二分的に評価されるような教材や言葉かけを多用することがある。「○」と「×」の描かれたカードを提示したり、「ほめる」「無視する」を望ましい行動形成の手段とするような指導は、典型的なものである。それらの経過のなかで、ある時期から突然のように、感情の不安定さ、挑発的な行動、他者の話しかけを封じるような常同的な質問行動などが増加したり、不登校などに至ることがある。これらは、自分への不安感と他者の意図によって営まれる生活への不安感の連鎖に対する、子どもなりの適応反応ともみられる。確認可能な「わかりやすい」結果を求めているとみなされる子どもであるが、「視覚支援」などと称される明瞭さを彼らに提供することに周囲が囚われると、結果として彼らに顕在化しやすい二分的評価を強めることになろう。

時空間の見通しや活動の手順の提示では、自閉症の子どもが順序の理解の「手がかり」としてとりいれられるような「ヒントを工夫する」という発想が必要ではないか。つまり、あくまでも活動の一歩を踏み出す契機は、自ら「わかった！」と言える子どもの理解であり意思なのだ。そのような主体性の尊重が、他者の評価に依存しない達成感を子どものなかに醸成することにつながっていく。その達成感や自己評価があってこそ、他者による意味づけが「手がかり」となって、子どもは自ら活動の結果の価値を認識していくことができる。

4 | 機能障害が重い自閉症の子どもの発達とその診断

以下では、第二のテーマとして、運動機能や手指操作が制約されているがゆえに、障害の重度感があり、かつ感覚的な常同行動が続く行動障害の強い子どもについて、「みかけの重度」に類する傾向を探ることとする。

1. 機能障害が重い自閉症の子ども

　対人関係とコミュニケーションの障害、限局された行動と興味の対象とまとめられるように、自閉症は、主として社会性と表象機能の「発達の障害」としてとらえられている。そのために手指操作や全身の協調運動を含む運動機能の発達には、あまり研究的な関心が向かない傾向がある。しかし、高機能自閉症とされる子どもも、たとえば紙を持つ手とハサミを持つ手の操作を分化させたうえで、それぞれを調整しながら曲線にそって切り抜くというような両手の分化と協応が苦手である。あるいは手を「握り続ける」、目を「閉じ続ける」というような一つの運動を持続させることが難しかったり、両足跳びが連続してできなかったりする。このような運動機能の制約は、さまざまな場面で自らの「不器用さ」を感じ、認識することにつながり、集団のなかに自分を位置づけることの困難をひき起こす（白石、2007）。

　ここで検討するのは、「高機能」という概括の対極にある自閉症の子どもである。たとえば、ワンタッチで紙に触れる描線や「なぐり書き」の「錯画」はできるが、始点と終点を意識して描いたり、積木を調整しながらていねいに積み上げていく「道具的操作」「定位的調整」が難しい。また、自発語は限られ、指さしではなく「クレーン現象」や「手さし」で要求したりする。学校から帰宅すると、台所や洗面所で水遊びを飽かず続ける。これらの活動を制止されると、手首を嚙んだり着衣を破ったりするような行動で怒りを表現する。毛布やジャンパーを頭からかぶって防衛しようとするような姿になることもある。

　このような子どもは、大人の意図や評価のまなざしを向けられることへの抵抗が強いゆえに、発達検査になかなか応じてくれない。したがって、その発達レベルは1歳半の発達の質的転換を達成していないと診られることになる。

　しかし、第Ⅰ部第2章「『みかけの重度』問題として提案した発達診断」で述べたように、このような重度感のある子どものなかに、機能の発達レベルを越える言語の認識を潜在させている事例があることに関心が向けられるように

なってきた。

　アメリカのBiklenがキーボードなどを用いて会話や文章表現ができる自閉症者を紹介したことによって、機能障害の重い自閉症についての認識は、にわかに複雑な経過を歩むことになった。Biklenの研究は、オーストラリアのCrossleyによるFacilitated Communication（FC）法を用いたものである。FCとは、介助者が障害者の手、腕、肩などを支えることによって、それまで知的障害があって表出が困難だとみられていた障害者が、キーボードや文字盤を使って、文や単語を綴るようになるという方法である。ところが、これらの自閉症者の表現のなかに、家族によって虐待されているというショッキングな記述が多数表れたことにより、Biklenの研究の真偽が問われることになった。そして、ブラインド・テストなどによって、FCの利用者に出された問題を介助者が知らない場合には、正答にいたることが困難であるとの結果が得られ、Biklenの研究はFCの妥当性も含めて、否定的に評価されるところとなった（毛塚、2004）。

　このような経過によってFCなどの妥当性が問われたりするが、対象となっている子どもが、本当に文字や文章による表現能力を内在させているのか、いかなる精神発達の過程にあり、その内面形成を行ってきたかについての検討はなされていない。むしろ私たち実践に携わるものは、「障害は重いが何か通じるものがある」「わかっていることが相当あるのかもしれない」などと感じることも多く、その子どもの「本当のこと」にこそ関心をもっている。

　筆者らは、かつては広汎性発達障害に包含されていたレット症候群の子どもが、目的的な手の使用や言語の減少という退行的な発達経過を歩むにもかかわらず、多くの事例が「大―小」などの対比的認識以上の概念形成を行っていることを、発達診断の方法を用いて示した。たとえば、「大小比較」課題を、おのおのに「大」と「小」の円を描いた2枚の刺激図版で問うと、常同行動を続ける両手を必死に解き、あるいはからだそのものを前屈させて、正答のカードを指し示そうとするような応答が現れた。なかには視線によって、伝達したいことの文字を文字盤から、加減などの演算の答えを数字カードから選択する事

例もある。これらの発達診断は、介助者が子どもの身体介助を行うことはなく、子どもの自発運動に拠っている。従来、精神発達の退行が余儀なくされるといわれたレット症候群の子どもの理解において、これらの発達診断は一つの画期となったであろう。

2. ローランド発作波に近似した脳波異常をもつグループ

筆者は、機能的に重度の自閉症の子どもについても、観察可能な機能レベルからは推し量りがたい概念形成の可能な子どもが存在することを指摘してきた。

筆者は、てんかん治療を専門とする病院で心理臨床に携わっていた経過もあり、これらの子どもの脳波検査の結果をも含めて検討する機会を得た。その結果、似かよった心理、行動の特徴とともに、脳波異常にも一つのカテゴリーとして把握すべき特徴をもつ一群を報告するに至った。それは、ローランド発作波（Rolandic discharges）に類する所見を示し、かつ近似した行動特徴をもつ一群についてである（白石1996、2007）。

ローランド発作波は、高振幅二相性の鋭波で小さな一つの徐波をともなうことがあり、中心〜中側頭領域に優位に出現し、ノンレム睡眠期で睡眠が深くなるほど頻発する。この発作波を有する場合には発作症状がみられることがあり、それは夜間に多く、舌、歯肉、歯、頬、口唇などの部位の感覚発作、口角、上下肢のけいれん発作、発語、流涎、朦朧状態、そして二次性全般けいれん発作になることもある。しかし、ローランド発作波をもつ自閉症の子どもには、このような発作症状を見出すことはまれである。

行動上は、後に検討するように感覚的な過敏性の高さゆえに不安が強く、各種の感覚的な常同行動をもつことがある。この不安と常同行動の形成は強固であるために、指導上の配慮を特別に必要とする子どもである。

筆者が経過観察してきた自閉症の子どものうちで、ローランド発作波に類する脳波異常をもつ8名を対象として検討した。年齢は、6歳11か月から17歳6

か月であり、全員が男児である。

　対象児の乳幼児期の特徴をみると、4名の歩行開始が1歳8か月以降になるなど、若干の運動発達の遅れがあった。また、5名には、乳児期の人見知りが観察されていない。3名に音への過敏性の高さがみられる。また、2名に発語の消失などの「折れ線」とも言われる経過があった。

　現在の発達は、運動領域では全員が走行を獲得し、階段の昇降、段差を両足で跳び下りるなどの運動を獲得している。3つ以上の積木を積むことができるのは7名、「K式乳幼児発達検査」の「はめ板回転」を通過するものが半数の4名で、いずれにも「お手つき反応」と称す試行錯誤がみられた。つまり、外界の変化に対応して「○○ではない□□だ」と「1次元可逆操作」を発揮して自己の活動を調整していくことは総じて苦手である。

　8名とも「指さし」などの前言語的機能の獲得が難しく、うち4名は「クレーン現象」などの直接的手段での要求表現を現在も多用している。1名のみ、「手さし」による要求表現がみられる。

　このように発達を概観すると、自閉症に特徴的な発達の機能領域間の不均衡（「ずれ」）がみられ、特に言語・社会領域あるいはコミュニケーション手段の獲得での発達の制約は顕著である。しかし手指操作も含めて運動機能の制約もあり、その発達の不均衡は大きいとはいえない。

　常同行動は、たたく、破る、振る、放るなど、子どもが獲得している操作をリズミカルに繰り返すものである。そして、口に入れたりモノを噛む行動を繰り返す4名、モノを放り入れたり水を流し入れたりする行動を繰り返す4名に分かれる。特に、「入れる」「渡す」などの操作を獲得していながら「はめ板回転」が未通過である子どもに、口を起点としての感覚的な常同行動がみられる。紙を破る、石を放る、水をとばす、狭いところにものを挟むなどの常同行動は止むことなく、共に生活するものにとって大きな精神的負担になっている。

　また、エレベーターや滑り台の下などを好む、毛布にくるまるなど、閉鎖的な空間を好む3名、母や父への強い愛着関係を形成している6名がいる。この

ように、外界への不安が強く、そこに起因して閉鎖的空間に「こもる」傾向や感覚的な常同行動が、対象児に共通する特徴といえよう。

　このような分離不安や「こもる」ことは、乳児期の人見知りの観察されにくさと対照的な特徴である。経過をみると、常同行動を抑制したり、子どもの密着を拒否する対応がなされ続けると、パニック、不眠、常同行動、「こもる」ことがいっそう強まる傾向がある。また、変化への不安が大きく、新しい空間で、常同行動、「こもる」ことが強化され、さらに不眠になる傾向は、すべての対象児に観察された。

　この行動の不安定さは、何に対する過敏性であり不安感情なのか。変化そのものへの不安という一元的なものではなく、「はめ板回転」への対応の難しさを一つの例として、変化に応じて自己調整していくことの困難、換言すれば変化に対応しにくい自分への認識が、持続的な不安感情をひき起こしているように推察される。このような心理状況にあることによって、彼らの苦手な「道具的操作」を中心とする活動や、結果の「出来―不出来」が問われる活動に取り組むときに、その活動を提示する他者の意図への不安感が強まる。つまり単なる感覚過敏ではなく、他者の意図が潜在する活動や空間に対する、「どうしたらよいか」「どうみられているか」という類の不安感と推察される。

　このようにみると、彼らが自らの障害を対象化し、そこに焦点化して働きかけてくる他者の意図を、「ある種の確かさ」で認識しているのではないかという仮説が浮上してくる。つまり、重い機能障害をもっている一方で、自らの障害を他者の意図とともに認識できる精神発達のレベルにあるということである。

3. 事例の検討

　機能障害が重いということは、身体運動、手指操作、発語や言語表現の状況に多くの情報を負うべき発達検査、発達診断の困難にほかならない。では、このような機能障害の重い自閉症の子どもの発達を診断する方法はあるのだろうか。

以下は、通常の発達検査を行おうとしたために彼らの拒否的反応に遭遇し、方法の修正を行いつつ観察可能な事実を拾おうとした試行錯誤の記録である。検査項目への反応に対してだけではなく自己の可能性の表現の場として、発達検査という場面を自分なりに構成しようとする姿に注目したい。

事例1　（23歳　男性）

（1）経過と行動の特徴

養護学校中学部2年生のときからパニックがきつくなる。誘因の多くは、ジュースを飲み続けることを制止された、母親が他人と長話をしていた、他人のシャツのボタンが外れているのを発見したなど。現在は、母親によれば「本来あるべき対の一方が欠けると不安定になる」「奇数は苦手」とのことである。

小学部の5年生くらいから、「アー」という発声とともに、「手さし」を多用して要求するようになった。最近は、料理の本をさして食べたいものなどを教えようとする。

22歳で新しい作業所に移って以来、数名の仲間との人間関係が安定的に形成され、パニックは減少しつつあるという。

ローランド発作波を有した事例である。

（2）発達検査の反応

[20歳]

室内では検査できず、作業所の庭で実施。「絵単語」のカードを見せると、それを手にして、自ら発達検査道具入れのアタッシュケースに片づけてしまう。「はめ板」を提示すると、○、△、□のすべてを切り抜き板に入れ、回転後には「お手つき」しつつも、すべてを入れかえることができた。そのときはうれしそうな表情になる。「形の弁別Ⅰ」では、指さしでの応答を求めても、切り抜き図版を刺激図版に載せようとする典型的な「マッチング反応」をする。

「大小比較」は、1枚のカードに大小の二つの○が描かれている「K式乳幼児発

達検査」の図版を用いると、イライラしつつ大小両方の〇に右手でタッピングのように触れる。そこで、大小を2枚のカードに区分した図版で問うと、3試行とも大にのみ触れる。この応答からは、複数あるもののうちで一つのみを指示することが容易ではないと推察される。「対」を一つひとつの単位として分化させて認識し対応することには、苦手意識があるように思われる。

さらに、5つのだんだん大きくなる〇（「系列円」）を描いた図版を提示し、「一番大きい〇」と「一番小さい〇」を問うと正解に触れる。「中くらいの〇」を問うと、二番目に大きい〇を指す。

明らかに「対」であるべきものを維持しようとする「マッチング反応」が強く、一方的に他者の意図を向けられることへの拒否的な心理もある。しかし、そういったときにみられやすい他者の意図を退けてしまう「自一他」関係の形成しにくさは顕著ではなく、「系列円」などの弁別課題では他者の意図を受けとめて応答しようとする共有関係が成立する。

［22歳］

新しい作業所に通所することになった。

ひとりでの入室が可能になっていた。まず検査者の顎に笑いながら両手で触れてきた。それは親密さを表現しているようだった。「2年前に会ったことを覚えているか」と問えば、笑いながら首を連続して小さく縦に振った。近くにあった「はめ板」に自ら手を伸ばす。「はめ板回転」は回転後に、〇、□、△の順で「お手つき」なく入れられる。このとき、切り抜き板の△を観察して、あらかじめ△の向きを調整してから入れてくれた。この「可逆操作」の確かさは、2年の間での顕著な変化として注目される。外界と「間」をもって関わるだけではなく、自己をも落ち着いて調整することができるようになっている。これらは、発達の変化として認識すべきだろうが、生活や労働の場において心理的に安定していることも無関係ではないように推察された。つまり彼は「1次元可逆操作」を十分に獲得していないのではなく、それを発揮することができる心理状態を維持することができているかが大切なのである。

明らかに、2年前の発達検査と筆者を記憶していた。一度経験した事実は、次の出会いのときの感情や活動を選択する動機に大きく影響する。自分を「試そうとする」「評価しようとする」他者に対して、一度不快感をもってしまうと、長い時間が経過してもその感情を転換していくことは難しい。教師がこれらの事例との関係で苦労する背景要因は、ここにあると推察される。

事例2　（23歳　女性）

(1) 経過と行動の特徴

　幼児期より、新しい環境への不安が強くそこに入ることができない。いつも「袋」などを右手に持ち続けている。鉛筆のような道具は、打ちつけるような操作が基本になる。「写真」「お茶」などという直接の言葉ではなく、「お正月を写そう」「F寿園」と言ったりする。

(2) 発達検査の反応

［20歳］

　「はめ板」では、左手でトントンと切り抜き板を打ちつける操作を繰り返し、偶発的に入ったように見える。積木を提示すると左手でつかむことはするが、積むことはない。検査者が積むモデルを見せると、それに誘発されたように3個積むことができる。

　「大小比較」を大小2枚に区分したカードで問うと、右手の袋をゆっくりと左手に持ちかえて正答のカードに右手を伸ばす。そのリーチングの前に、自らの胸を押さえるようにしていた右手の人差し指で、正答のカードの方向に指さしのような構えを作っていた。

　「入れる」「渡す」「載せる」などの「定位的調整」「道具的操作」には苦手意識があるようで積極的にはなれない。その一方で、問われたことに対して自分が了解していることを示したい確かな思いをもっているようで、ゆっくりとした動きではあるが動作を転じつつ応答しようとする。

[23 歳 2 か月]

「K式乳幼児発達検査」の「絵単語」の「時計」のカードを提示すると、まじまじと見つめる。「1時ですか？」などと順に問うと、3時で検査者と視線を合わせる。カードには3時の時計が描かれている。左手でテーブルをたたき続ける動作があるので、3回たたくことを求めると、3回でたたくことを止められる。

一度は室外に出ていくが間もなく戻り、様子を確認して再び出て行く。母親との面談終了近くなって戻ってきて着席し、机上に放置された身体部位のなかで描かれていないところを発見する「脱落発見」のカードを注視する。それを問うてみると、「口」の脱落したカードを見て、自分の口にそっと左手の人差し指を伸ばす。

部屋に戻り自ら着席したことに、「終わりよし」としたい心情を垣間見た。同時に、それは自分の了解している事柄つまり「本当の力」を、何とか表現したい思いのように推察された。そのために、自らの機能・能力のなかにある可能な表現方法、とりわけ直接的ではない方法を探そうとしているように見えた。

4. 二つの事例の考察

「入れる」「渡す」「載せる」などの操作は可能だが、「定位的調整」や「道具的操作」のような巧緻な手指の操作による調整に難しさがある。しかし、このような機能的制約をもちつつ、モデルなどの「手がかり」に応じて調整を試みようとする。そこには、自らの意図通りには操作できないという「不器用さ」を認識しつつ、それでも他者の意図＝要求と向き合おうとする姿勢（構え）がある。彼らの「不器用さ」は、内在化した思考として「○○ではない□□だ」という「可逆操作」をもち得ているが、それを発揮して外界と自己を調整していくことの困難、そして苦手意識であるようだ。つまり、頭ではわかっているが、わかっているようには行えないということである。

言語の認識は、自発語が獲得されていないにもかかわらず、対比的認識を理

解し、上記の二人の事例は、いずれも「大中小」の関係をとらえることができる系列的認識を獲得しつつある。自制心とも言える「終わりよし」としたい心理ももち得ている。

　注意深く観察すると、視線を合わせる、胸前で指さしの構えをする、首を小さく振るなど代替的なコミュニケーション手段を工夫し、意思を伝達しようとする。ある行動や言葉に託して、間接的に何かを伝えようとすることもある。このような直接的ではない表現手段をあえて選択することは、機能的制約によって、言語、身振り、描画や書字のための「道具的操作」などが難しいことを認識したうえで、そうではない手段を選択しようとしている自己の対象化の心理、そして矛盾を克服していくための自分なりの「回り道」の創造ともとらえることができよう。

　つまり彼らは、意図した活動を直接的に起こすことが難しい失行（apraxia）を一つの特徴とする自閉症のサブ・グループであり、観察可能な機能レベルだけでは発達診断の難しい事例群である。自らの障害を対象化できるゆえの不安感が強く、かつ自分の意志や葛藤、努力を理解してくれる依存的な人間関係を求めている。このような内面的世界をもち、言語による理解も十分に可能であると認識してくれる大人との関係では、彼らから親しみをもったアプローチをしてくれるが、逆に、重度の機能障害に焦点化した子ども理解や指導に陥っている大人との関係では、さまざまな苛立ちの表現を多用し、結果として二次的な行動障害が誘発、強化されていく。

おわりに

　本章の記述もそうであったように、自閉症の心理学的研究の多くは諸機能の制約や不全の様態を中心とした「発達の障害」の分析から出発する。しかし、行動上のさまざまな困難をもつ事例に関わると、生活、教育、そして地域社会、およびそこにあるシステムの実態が、長くかつ大きな影響をもたらしていることを実感する。一般的に外的条件は内的条件を介して作用するが、その結果とし

て生じる「多様性」こそ、自閉症研究が尊重すべきキーワードである。この一人ひとりの子どものもつ多様性と、いわば適切ではない教育指導という外的条件の「ずれ」が、障害の重度感を強める要因として作用しているように思われる。その点で、本論を記すことによって、筆者は二つの課題を認識することになった。

　一つは、少なくとも思春期・青年期までの長い時間単位のなかで、自我を形成し「自一他」を分化させながら、独立した生活感情と肯定的な自己像、自己受容感を培うことが、「発達の障害」に背景をもつさまざまな不安感と共存し、それを軽減していくための基盤になるのではないかという課題意識である。自閉症の子どもは、同じ障害をもつと言えども、多様な人格として存在していることを認識し、一人ひとりを尊重する姿勢を、周囲に求めている。

　もう一つは、自閉症として一括される障害には、器質障害も含めて多様な要因や状態像が想定され、その多様性の探求にこそ研究上のエネルギーが傾注されなければならないという課題である。「わかっちゃいるけれども、その通りにはできない」ということを強く意識せざるを得ない、いわば「不器用な」自閉症の子どもが存在することは、彼らが一括されない障害像を背負いながら生きていることの証左である。

　現状の自閉症への研究と実践は、この多様性への視野ではなく、焦点化・単純化した視野に拠りながら構築されてきた。研究過程での分析と総合は、必然的に単一の因果論に収斂しやすいものだが、教育などにおいては、まず一人ひとりの多様性、個別性を配慮することが、実践を成り立たせるための基盤になる。

　村瀬嘉代子（2003）は、「自閉症の子どもが人間関係を適切にもちがたいのは事実であるが、『人間関係を避けている』あるいは『その能力が欠損している』と断言できるのか。極めてデリケートな感受性、あるいは相手のチャンネルに合う関わりの契機を見出したとき、コミュニケーションが成り立ちうる」と指摘しているが、このような心理臨床のなかで蓄積されつつある認識も、今後の教育実践が包摂すべき視点である。つまり、一人ひとりの自閉症の子どもの独自の内的世界と、いかに「チャンネル」を合わせた関係を成り立たせうるかとい

う課題がある。

　自閉症の子どもには「独自の文化がある」と強調することは容易だが、独自性を意味あるものとして本人もそして周囲も認識するためには、その文化の価値を真に尊重し共有できる教育者のあり方と、人間関係の質を問わねばならないのではないか。

[文献]

Biklen, D.（1996）障害者（児）のコミュニケーション支援―ファシリティテッドコミュニケーション（池田由紀江責任訳）、発達障害研究、第18巻第1号、pp.1-11。

毛塚恵美子（2004）Facilitated Communication―コミュニケーション支援か幻想か？、発達障害研究、第25巻第4号、pp.289-299。

村瀬嘉代子（2003）心理臨床の立場から―統合的アプローチ、そだちの科学第1号、pp.47-52、日本評論社。

白石正久（1995）『発達障害論・第1巻―研究序説』かもがわ出版。（とりわけ、第Ⅱ部第2章「自閉症の発達障害」、pp.207-233。）

白石正久（1998）自閉症の思春期の発達研究、障害者問題研究、第26巻第3号、pp.13-24。

白石正久（1996）自閉性障害児の発達障害（2）―ローランド発作波と特異な不安を有する群について、日本教育心理学会第38回大会。

白石正久（1999）発達とは矛盾をのりこえること、全障研出版部。

白石正久（2003）機能的重度の障害をもつ自閉症の発達的検討、日本特殊教育学会第41回大会。

白石正久（2007）『自閉症児の世界をひろげる発達的理解』かもがわ出版。

白石正久（2012）自閉症と発達保障をめぐる課題（奥住秀之・白石正久編『自閉症の理解と発達保障』pp.197-233）全障研出版部。

瀧口直子・白石正久（2000）書き言葉による内面の表現がみられる自閉症の子どもの発達経過―道具的操作の獲得が困難で「みかけの重度」がある事例（1）（2）、日本特殊教育学会第38回大会。

終章

発達診断と教育実践のために

1 発達をどのように認識するか

　本書のテーマとなった「障害の重い子ども」は、障害によって機能・能力と生活にさまざまな制約を被りながら、なお発達的変化の途上にある。その事実を記述することが、本書の目的のひとつであった。この子どもたちの姿は、多くの場合には自らの障害とたたかいながらも、自己実現を果たしていこうとする力強いものである。かつて白石（1996）は、彼らのことを、障害を背負いつつ、発達における共通・普遍の矛盾に挑んでいるとして、「二重の困難」に立ち向かう存在と記述した。その発達の道行と向き合うことから、われわれは発達そのものを学び、そして子どもの同伴者としての教師と教育のあり方を考えることができる。その実践のために、あらためて整理が必要と感じた事項について、最後に検討したい。

1. 生きるための要求と発達要求

　子どもは、生きるための欲求をもって生まれ、そして生活している。それは、乳を吸い、食べ物を咀嚼嚥下することから始まる。やがて、外界にあるさまざまな事物に興味をもって移動して手を出し、自らのものにしようとする。さらに、さまざまな遊び、生活の道具や活動に憧れて他者に要求し、その対象を拡げて

いく。

　子どもは、その要求を実現するために、自らの運動や手指操作、さらにはコミュニケーションや自己表現の手段を、今よりも高めていかなければならない。やがては、失敗や困難に負けない力強さを自分に要求すべきときもやってくる。つまり要求は、自己を高め変革しようとする要求へとつながっていく。言い換えれば、子どもの自覚の有無によらず、要求を追求することのなかから発達への願いともいえる「発達要求」が生まれてくるのだ。

　このとき子どもは、自分と向き合うことによって、機能・能力、人格、社会的関係の今の状態を変革する必要を感じ、発達の尖端をみつめることになろう。発達の尖端とは、まさに今、発達の可能性が現実のものになりつつあるレベルのことであり、後述する矛盾の高じた局面である。生きるための要求も尊いものだが、さらに自己のあり方を問いかけ変革していこうとする発達要求は、人間の発達可能性を示すものとして、いっそうの尊さをもっているといえよう。

　生きるための要求から発達要求を紡ぎだす過程は、ひとりの人間の個人的な努力によってではなく、すぐれて教育的な営みとして、社会化されていくべきことである。

2. 発達における対立・矛盾と発達の原動力

　発達要求は、発達を前にすすめるための駆動力にはなるが、それをもって必ず発達が前進するわけではない。発達要求の高まりは、否応なしに発達の尖端を見つめ、発達要求通りではない今の自分に出会うことになる。つまり、発達の駆動力たる発達要求に対して、それと対立するものとしての自分の今が立ち現れることになる。発達のような変化の運動のあるところには、このような対立が存在している。変化の運動は、前進への駆動力とその方向づけが確かならば、対立を克服し質的に新しい段階へと飛躍を遂げていく。この変化の尖端にある対立が矛盾であり、変化の運動と質的転換の原動力となる。

発達において、この矛盾を克服していくことは容易ならざることであり、やはりひとりの努力では達成されない。本書の事例の多くがそうであったように、発達の質的転換期に至ると可逆操作の「対」の一方に人を位置づけ、そのつながりを拡げていくことによって、駆動力たる発達要求は逞しくなる。そして矛盾を克服していく過程では、他者によって承認、激励され、達成感を積み重ねつつ、もっと「よくなろう」とする「心のバネ」と他者との共同を形成していく。つまり、発達の質的転換のための矛盾は、人とつながり、自己の人格を形成していくうえでも、大切な契機を担うものである。子どもの場合、この矛盾を克服していく過程での人とのつながりは、教育によって組織されるものである。

　さて、子どもは、この対立をいつも意識化しているわけではなく、多くの場合には不安、葛藤などの感情を感知することになる。本書で記述してきた矛盾を抱く子どもの心理を、再び例示しておこう。

●発達の質的転換期における自己評価の精緻さ

　まず、乳児期前半の発達段階での「生後第1の新しい発達の原動力」、および乳児期後半での「生後第2の新しい発達の原動力」の生成のいずれにおいても、子どもは正中線を起点として、自らの左右の世界のいずれが容易にアプローチできるかを判断している。あるいは、対象の距離、大きさ、性状と、自らの機能との「ずれ」をも評価している。たとえば、非対称姿勢が強かったり、左右のどちらか一方への追視が難しい場合に、その苦手な側に対象を提示されると、子どもは悲しみにも似た表情をみせることがある。あるいは自分の把握能力ではつかめない小さなものを提示されたときに、じっとその対象を見つめ、大人に何かを訴えかけるようなまなざしを向けることがある。この心理の結果として、限局された対象領域にのみリーチングなどがみられる現象は、田中昌人らが「心の窓」が開いているなどと称していたことと近似しているかもしれない。これらの自己評価は、生活年齢が高くなっている障害のある子どもほど、われわれの予想を超えて精緻なものになっていく。そういった子どもの自己評価と

そこから発する不安や苦手意識に対して、無頓着な働きかけ方をわれわれはしていないか。

●矛盾を克服する過程としての「間」

　機能障害の重い子どもほど、活動に取り組むまでに時間を必要とすることがある。自閉症スペクトラムであり機能障害の重い子どもにおいては、常同行動に没頭し、活動に背中を向けるように振る舞ったりする。本書で紹介した多くの事例がそうであったが、実は一歩を踏み出すまでに心のなかで「行きつ戻りつ」のたたかいをしている。大人は、その時間がほんの数秒ならば許容できるだろうが、数分に至ったり室外に出ていったりすると、しびれを切らして子どもを急かしてしまう。その言葉かけが、子どもの心を崩れさせる。本書でしばしば使用した「間」には、このような矛盾を克服していく過程の子どもの心理が潜んでいる。私たちの現代生活が、「間」を失ってしまっていることに思いを致さなければならないのかもしれない。

●代替手段による矛盾克服の経路

　「大―小」などの対比的認識の導入期にある子どもは、難しい課題を提示されたときに、わざと「眠る」ふりをすることがある。言葉や指さしで伝えるのではなく、手にした積木を正答の図版の上にのせたり、モノを放って方向を伝えようとする。わざわざ背這いになって正答のカードに接近した子どももいた。そこには、矛盾を克服するための心理的支えとして、「まわり道」を創ったり、代替表現で対応しようとする子どもなりの積極的な工夫がある。その行動は大人の期待する反応ではないために、しばしば「不適切な行動」と評されるが、本当は努力の過程として受けとめるべきことではなかろうか。

3. 発達における連関

　本書では、しばしば連関を検討する必要について述べてきた。連関とは何か。その説明のために、まず弁証法による認識の方法にふれる（レーニン、2002）。

　世界の事物・事象とその運動を「ありのまま」にとらえようとするのが弁証法の方法である。弁証法は、すべての事物・事象を、バラバラの、かつ静止したものとは見ずに、連関というつながりの網のなかにあって、常に変化・発展しているものととらえる。そして、そのなかにある対立や矛盾の局面をとらえて、変化・発展の原動力として認識する。この変化の過程には、前進ばかりではなく、ときに停滞や逆進、迂路も生じる。

　この変化・発展の過程には、量的蓄積が質的変化に転化する（量的蓄積から質的変化の法則）、否定されたことは消え去るのではなく発展の契機となり、新しい段階で質を変えて存在する（否定の否定の法則）、対立、矛盾は、それを解決するための運動を必然としており、それを原動力として発展が生まれる（対立物の闘争と統一の法則）などの法則性を見出すことができる。

　弁証法的な方法は、それを適用して現実をとらえるということではなく、現実のなかにある連関と運動を「ありのまま」探求するための手がかりとなるものである。

　以上を前提として、発達における機能・能力の連関には、次のようなものが想定される。ひとつは、中枢神経系の成熟過程においてネットワークと相互作用が形成されることによって、機能・能力間に協応的な関係がみられる直接的連関関係、もう一つは、子どもが対象的活動を行うことによって自己を変革・調整して、新しい機能・能力が発達するという媒介的連関関係である。後者については、たとえば手指で働きかけて積木を積むという操作は、その活動を通して、手指操作の巧緻化のみならず、注意の集中、感情の立ち直りなどの発達に連関していく。

　発達における連関について留意すべきは、同一時相で獲得された機能・能力

が連関的な相互関係を結んでいるとは言い切れないことである。「みかけの重度」問題と関わるが、運動や手指操作などの運動機能領域と認知、社会性、自我などの精神機能領域に相互の連関を想定していると、運動障害の重い子どもは、その状態像から精神発達も「乳児期」の発達段階ととらえられてしまう。障害のない子どもにおいて同一時相で観察される機能・能力の発達的変化は、そのすべてが連関関係にあることを意味しているわけではない。

2　発達の過程において他者はどう現れるか

　第3章で述べたように、ウエスト症候群（点頭てんかん）と重度の脳性マヒのある子どもは、乳児期において過緊張や不機嫌とたたかいながら、母親などの特別の存在（第二者）を求める情動を高めていく。その人の声を聴き、顔を見たいがために、非対称姿勢を克服し、聴覚と視覚、視覚と手指操作などの協応を形成していく。これは媒介的連関関係の一例といえよう。

　そして、生後4か月頃に当たる「生後第1の新しい発達の原動力」の生成において、「一つ」だけではない「もう一つ」を視野に入れて、「対」の関係を認知する「可逆対操作」の獲得が始まると、子どもは「対」の一方に他者を位置づけて、その人の共感や激励のもとでリーチングして操作し、移動して確保しようとする。同様に、生後10か月頃に当たる「生後第2の新しい発達の原動力」の生成において、獲得がはじまった新しい「可逆対操作」の「対」の一方に他者を位置づけて、その人の意味づけや価値づけによりながら、「入れる」「渡す」「載せる」などの「定位的活動」を拡大させていく。

　この発達の質的転換期において、たとえばウエスト症候群などの続発性全般てんかんは増悪しやすく、「可逆対操作」の獲得を不安定なものにする。そのときに、「対」の一方に他者を位置づけていくことにも制約が生じ、一過性ともいえる自閉的傾向が現出する。てんかん治療によって発達の基盤を整えつつ、他

者への志向性を確かにするという発達課題を達成していくために、教育の役割は大きい。

この過程にみられるように、他者は子どもにとってコミュニケーション関係を結ぶだけの存在ではない。しかし、障害の重い子どもへの教育が、「いま」「ここで」成立するコミュニケーションや「快」の情動の共有にのみ価値を置く傾向を強めてはいないか。

たとえば鯨岡峻（1997）は、「『養育する』という枠組みの中でもっとも頻繁に見られる原初的コミュニケーションは、子どもが何かを表出したことに対して、あるいは子どもの今の様子を見て、養育者が子どもの気持ちを分かり（あるいは読み、掴み）、その気持ちに合わせたり添ったりする形で子どもに対応し、結果的に子どもの満足状態を作り出して、ポジティブな情動をいっしょに共有するというパターン」だと述べ、子どもをわかり情動を共有とする「受け手」がいることによって、「原初的コミュニケーション」が成立するとした。このような関係は、障害の有無によらずコミュニケーションの出発点となるのであり、首肯できるものである。

しかし鯨岡（2000）は、次のようにも述べる。「障害児も健常児と同じ発達の一本道を辿って成長を遂げてゆくのだという一部の研究者の言説は、一方では保護者の願いと重なることによって、他方ではそれが障害児を差別しない発達の見方だとする言説と結びつくことによって、広く世に受け入れられる考え方として定着してき」たとしたうえで、「この素朴な発達の見方は、自然ななりゆきとして、障害児の発達を健常児と同じ発達の物差しで評価する動きを生み、その結果、障害を負った子どもは常に『健常児－X』という能力発達的な見方で捉えられ、『発達の遅れ』という考えに纏められてき」たとする。「同じ発達の一本道」を辿るとする見方とはいかなるものかの説明も引用もないが、それが障害のある子どもへの「能力発達的な見方」に帰結するという言説は、具体的な論拠を挙げて論じるべきことではないか。「原初的コミュニケーション」を含む氏の「関係発達論」は、機能・能力の発達を含む発達過程の実在性を否定

するものであり、そうすることによって成り立つ言説である。

　この見地から鯨岡は、ある養護学校との実践研究において障害の重い子どもについても論じている。「発達の最早期段階の感性的コミュニケーションがそうであるように、重い障害を負った子どもとのコミュニケーションでは、多くの場合、まだ子どもは何かを表現しようという意図を必ずしももってい」ないとして、「重い障害を負った子ども」と発達の最早期段階にいる子どもを、コミュニケーションの様式において等しいものとする。機能・能力の発達を含む発達過程の実在性をあえて認めないことからは、機能障害の重い子どもを「発達の最早期段階にいる子ども」と等しいものとして認識することになろう。教師が、そのような視野をもったうえで「受け手」としての子どもとの関わりに自らの役割を限定するならば、子どものなかにあるさまざまな「わかる」べきことも見えず、教師の役割を無力化することになるのではないか。

　筆者は、教師が子どものことを「わかる」とは、子どもが外界をどうわかり、どう働きかけ、自らに取り入れようとしているのかを「わかる」ことでもあると考える。子どもが外界を対象化し自らに取り入れるために、何を願い、機能・能力をどう働かせ、矛盾を前にどう苦労しているのかを認識することは、大切な視点である。そのとき子どもは、自らの発達の尖端と障害を見つめ、自分自身にも働きかけようとしている。

　つまり、私たちが認識しなければならないのは、子どもとのコミュニケーション関係のありようだけではなく、子どもが大人や子ども同士の関係を媒介として、共感、共有、共同の世界を形成しようとしている発達的事実である。その世界を子どもの生活と人生において、意味あるものとなるように創造するのが、教師の仕事ではないか。子どもの思いに問いかけ、子どもの選択や試行錯誤を尊重しながら、自然、文化、生活の喜びを教材として創造し提示していくことは、教師の喜びでもある。

3 「みかけの重度」問題から学ぶ

1. 重い機能障害は精神発達への絶対的制約にならない

　第5章で述べたように、かつて私たちが乳児期前半に当たる「回転可逆操作の階層」にあると診断していた子どものなかに、言語による認識が獲得されつつある事例が少なからず存在した。つまり、「○○はどれですか？」などの言語によって提示された他者の問いを受けとめ、「○○ではない□□だ」という「1次元可逆操作」によって弁別・選択し、自らの意図によって応え返すことができる。また、言語やその代替表現は使えないが、可能な限りの機能・能力を働かせて「要求」することもできる。その要求は眼前にない事物や活動についてであり、見えないものへの表象と期待が働いている。そして、その要求や期待が実現しなかったときには、工夫された身体表現で悔しさを伝え、「抵抗」や「反抗」をする。つまり、そこには他者にも要求があることを認識したうえで自らの要求を並列させ、「自─他」関係を調整する自我が芽生えている。表現方法と理解し合える人間関係はきわめて限定的だが、1歳半の発達の質的転換期の心理が存在しているということである。

　彼らは重い機能障害を被っており、その機能レベルは「乳児」と同様だが、精神発達は1歳半の発達の質的転換を達成しつつある。重い機能障害は、精神発達への絶対的制約にはならないのか。

　ピアジェ（1969）は子どもを、誕生直後であっても吸啜反射などの反射とそれを基礎に獲得した行動体制であるシェマ（schema）をもっており、積極的に外界にはたらきかける存在であるとみている。子どもは、そのなかで予想外の事態に遭遇し、シェマを修正し、情報を付加して、新しいシェマを獲得していく。シェマを外界にあてはめることを「同化」、シェマを修正することを「調節」と呼び、その均衡化に認知発達のメカニズムがあるとしている。つまりピアジェ

の発達理論においては、シェマをもって外界に働きかけることを通じて、思考が内在化していく過程が取り出されている。

　「可逆操作の高次化における階層─段階理論」も、「運動」「手指の操作」「音声」「情動」「社会性」などの領域に共通する「可逆操作」を抽出し、その相互連関の過程として「階層」と「段階」を説明する。その「可逆操作」によって外界に働きかけて外界を変化させ、そうすることによって自分自身をも変化させていくのが発達だとする。乳児期の発達段階では、感覚と協応する運動、手指の操作による対象的活動が、外界を認知し自己自身をも変革していくうえで重要な役割を担うと説明されている。

　このような理論において、子どもが外界に能動的に働きかける活動が発達の契機とされるわけだが、重い機能障害のある子どもは、その活動のために、感覚、運動、手指の操作などを統合して機能させることができない。そうではあっても、言語による認識、弁別や選択の思考、自我などの機能を有しているのであれば、重い機能障害は精神発達を同じ機能レベルに押しとどめるものではないということができる。彼らは、知覚と認知、そして思考という目には見えない機能によって能動的に外界と対峙し、外界に働きかけて、多くを学びつつ自分自身をも変革していく精神的な自由をもっているというべきだろう。

　障害のない子どもにおいて同一時相で観察される機能・能力の発達的変化が、互いに他を不可欠とする連関を結んでいるか、逆に相対的に独立した関係にあるかは、さらに発達研究において検討されるべきことである。連関の仮説をドグマ（定説としてあつかうこと）にしてしまうと、感覚、運動、手指の操作が重い障害を受けている子どもは、それらの目に見える機能レベルを判断材料として、乳児期の、しかも早期の発達段階にあると診断されかねない。

2. 価値選択と創造の主体に

　「○○ではない□□だ」という「１次元可逆操作」を獲得している障害の重い

子どもは多いが、それを駆使して「大一小」などの対比的認識を獲得する「2次元形成期」へと進む子どもは限られている。「大小比較」課題を重ねて質問すると、視線が定まらなくなるような「動揺」や、眼を閉じたり眠り込むような「回避」をみせることもある。このような姿が、「2次元形成期」への移行しにくさを表現しているとは即断できないが、日常生活において生きるための「要求の主体」にはなり得ても、「こうしたい」「こうありたい」と「活動の主体」になりたいと要求することは難しい。障害がない場合、子どもは、1歳半の発達の質的転換期において、運動や手指操作によって、自らの手で食べ、靴を履き、玩具を片づけて、そのことへの大人の受容・承認を要求し、達成感をもって活動を締めくくることができる。そうして活動の単位を自ら形成し、次の活動を見通す表象を拡げながら、さらに積極的な活動の主体になっていく。そのなかで子どもは、他者の受容・承認がなくても自らの「つもり」＝目的をもって活動を遂行し、様々に自己調整や立ち直りを繰り返しながら、目的を達成するようになる。

　このような対象的活動によって外界とその変化を自己内に取り入れたり、自己を変革・調整して新しい機能・能力を獲得していく媒介的連関関係が、重い機能障害の子どもには形成されにくい。逆に彼らは、障害ゆえに不確実な自己を対象化しなければならない現実のなかにある。しかし、1歳半の発達の質的転換期にある重い機能障害の子どもも、自らの活動への受容・承認を要求するサインをもっていること、対比的認識を問われて「動揺」「回避」を示すことなどにより、この活動の主体に「なろうとしてなれない」という発達の尖端にふれる心理をもっているのではないか。

　白石（2014）は、乳児期の発達段階にあって、たとえば教師の膝の上で共に風を感じているような場面でも、コミュニケーション関係が成立しているというだけではなく、教師と共同で「心地よさ」などの価値を創造していると考えた。子どもは、自然、文化に触れて、教師や仲間とともに「価値の選択と創造の発達の系」を歩んでいく。この関係は、それぞれの時期での子どもの価値選択を尊重しながら、「幸福の追求」のために何ごとかを創造していく共同の関係であ

る。私たちは、子どもを常に主体として尊重し、その価値選択を問いかけながら、彼らとともに共感、共有、共同の世界を創造していきたいと思う。

　そのとき、発達への認識は、私たちの意識の外に置かれるべきものではなく、発達過程のなかでの一人ひとりの子どもの価値選択を理解する手がかりとして、そして価値選択の対象を教材として用意する手がかりとして大切にされなければならない。

3. 結びにかえて

　筆者の実践である発達相談は、教育実践とは異なるものだが、実践の対象を発達的に理解し、その幸福の追求と実現を目標とする点では、共通の営みだと考える。筆者は、子どもを中心において、ひとりの人間として語りかけ、そして問いかけ、受けとめることを大切にしてきた。「どこまで大人の言うことがわかっているのか」という認識のもとでは、「発作がきつい」「緊張が高い」など、子どもが最も不安に思っていることも、無配慮に口にしてしまうこともあるだろう。あるいは、子どもとは関係のない世間話に、大人同士が興じることもないとはいえない。「どうせわかってはいない」という子どもへの不確信は、いろいろなところで大人の姿勢となって露呈する。

　筆者が発達相談の実践を通じて学んだことの一つは、親は子どもの発達がいかなる状況であろうと、常に子どもに語りかけ、あたかも応答があるように子どもの心の言葉を聞いているということであった。実は、応答は本当にあるのであって、それをみる目を私たちが形成できていなかったのだ。当たり前のことなのだが、この親の姿に、私は人間を大切するということの原点を学んだ。

　発達保障のための研究の先輩であった茂木俊彦は、このことを障害の重い子どもの教育において次のように述べた（2007）。筆者はこれに優る表現をもちえていないゆえに、引用することで本文の結びとしたい。

　「いくつかの障害をあわせ持っていて、これらの困難が幾倍にもなっているこ

ともある。サインに気づき、サインの意味を分かろうとするときにも、子どもの障害や発達の状態を無視してかかるわけにはいかない。いやむしろ、それらに阻まれてうまくいかないことのほうが多いかも知れない。

　しかし、教師は自らの感受性を高め、想像力に磨きをかけていくことによって、この困難を乗り越えて子どものことを分かろうとする。その努力を端的に表現してみると、それは『子どもに尋ねる』ということであると思う。尋ねることによって、教師は子どもとつながり、共感関係を深め、子どものことが分かるようになっていく。『尋ねる』とは、障害児教育においてもっとも大切にされる『子どもに学ぶ』ことと、ほぼ同義なのだといってよいかもしれない。」

［文献］
鯨岡峻（1997）『原初的コミュニケーションの諸相』ミネルヴァ書房。
鯨岡峻編（2000）『養護学校は、いま―重い障害のある子どもたちと教師のコミュニケーション』ミネルヴァ書房。
ピアジェ・イネルデ（1969）『新しい児童心理学（波多野完治・須賀哲夫・周郷博訳）』白水社。
レーニン（2002）『「人民の友」とはなにか（第一分冊）・弁証法の問題によせて（高橋啓吉訳）』新日本出版社。
茂木俊彦（2007）『障害児教育を考える』岩波新書。
白石正久（1996）『発達の扉・下巻－障害児の保育・教育・子育て』かもがわ出版
白石正久（2014）『発達と指導をつむぐ―教育と療育のための試論』全障研出版部。
田中昌人（1987）『人間発達の理論』大月書店。

おわりに

　本書は、10年前に出版を準備していたものである。
　しかし、特別支援教育への移行期であった当時、私はなかなか出版に踏み切れなかった。新しい教育対象として「発達障害等」の子どもたちが包含され、そういった「知的障害がない」とされる自閉症のグループの子どもに関する出版が相次いでいる状況をみて、本書のような稀少疾患を中心とした「障害の重い子ども」に関する本は、ニーズに合わないのではないかと躊躇していた。今、その意識を振り返れば、恥ずべきことと思う。
　「障害の重い子ども」は、その障害に焦点化して理解されがちである。『特別支援学校学習指導要領』でも、「重複障害者のうち、障害の状態により特に必要がある児童生徒の場合」には、「障害による学習上又は生活上の困難を克服し自立を図るために必要な知識技能を授けることを目的とする」自立活動を「主として指導を行うことができる」となっている。これは、特別支援学校の教育課程における「各教科」の内容を「教育課程」から除外することを意味している。さらに現『学習指導要領自立活動編』では、自立活動はICFに依拠して「障害による学習上又は生活上の困難を的確にとらえるとともに、幼児児童生徒が現在行っていることや、指導すればできること、環境を整えればできることなどに一層目を向ける」ことを目指すとされている。このもとで、障害の重い子どもたちの機能や行動についての「チェックリスト」が作成され、スモールステップで「繰り返し指導する」ことを提案する出版も相次いでいる。
　一方で、心情的にはかわらないでもないが、「アロマテラピー」などを「教材」化して、身体的精神的な「快」や「安定」を「ねらい」とする授業が普及している。

その内容に根本的な異論があるわけではないが、かつて、「障害の重い子どもにも文化を」と願い、子どもの発達的変化のなかにその文化への願いを読み取りながら、教育課程として創造していこうとしていた指向性は減退したようにも感じられる。

　これらの背景には、どのように外界と自己を認識し、それをどうしたいと思っているのかという「障害の重い子ども」を意識の主体として理解し受けとめることが、無意識のうちに、あるいは意図的に看過されている状況があるのではないかと筆者は考えてきた。

　このように10年を振り返って、本書は今、出版すべき時にあると思い立った。

　さらに、教育の向かう先ばかりではなく、憂慮すべきことは多い。自力呼吸が困難であり脳波の活動も明瞭ではない生命維持レベルとされる「超重症児」に対して、その医療を継続することへの懐疑を暗に表現する報道がなされたり、「自己意識をもたない存在は人間としての生存の権利をもっていない」とする哲学的潮流「パーソン論」が台頭したりしている。

　さらに日本では医療も社会福祉も、その利用に応じて定率に「応益負担」すべきだとする「障害者自立支援法」が2006年に本格施行された。この法に対しては障害者の基本的人権を著しく侵害するものとして、「違憲訴訟」が各地で起こされた。民主党政権に代わり、「お詫び」とともに「和解」が成立して廃止されたが、これに代わった「障害者総合支援法」と「（改正）児童福祉法」は「応益負担」などの原則を引き継いでしまっている。障害が重く重複するほど、生きるための費用負担を強いられる。筆者は、これらの悪法に苛立ちを抱えて自らの研究と教育を続けてきた。かつて投稿した原稿を、そのときの思いを忘れないために、ここに掲載しておきたい。

　いのちの営みへの想像力を

　私は、障害のある子どもたちの心理相談にかかわっている。昨年も、重い運動障害をもち、自ら起き上がることも語ることもなく生きつづけていた子どもたち

が、連れ立つように生命の灯火を消していった。

　彼らの喉には痰がとどまりやすく、そのため吸引は欠かせない。経口で食事をとることがむずかしくなると、経管栄養で必要なエネルギーを摂取しなければならない。家族は、子どもの呼吸の状態に四六時中神経を集中しながら、吸引をくりかえしている。自分が、呼吸の苦しさを取り除き、生命の危機から守ってやらなければならないと、すべての家族が思っているに違いない。しかし、彼らの生命の終焉は、突然やってくる。なぜ、最後の苦しみからわが子を救ってやれなかったのかと悔やみ、問いつづけている母は多い。それほどにわが子の生命と絆を結びながら、家族は生きつづけているのだ。

　だから、朝の光のなかで、わが子のたしかな息づかいを感じたとき、家族はうれしい。味わうことのできない経管栄養の注入のときでも、子どもの表情が幸せそうに和むこともある。思わず、「おいしいね」と言葉をかけてしまったこともあるだろう。そこには、ともに生きるものだからこそ味わえる幸福感がある。

　教師は、養護学校で、あるいは訪問教育において、「あの子の心にこの歌を届けたい」「この絵本を瞳のなかに贈りたい」と願い、新しい教材を携えて子どもと向き合う。でも、子どもはいつもの大好きな歌や絵本にほほえむ。そんなくりかえしのなかで教師が気づくことは、その歌や絵本こそ、この子の生きる力になっているのではないかということだ。それらも、かつて教師が思いを込めて歌い、読み聞かせたものだった。どんなに障害の重い子どもにも、生きる喜びや希望をはぐくめる教師でありたいと、あらためて思う。

　親も教師も、障害のある彼らによって生かされているという事実に出会っているのだ。ともに生きるものは、彼らが人間としての何変わらぬ人格の価値をもつことを、実感をもって認識している。

　つきつめれば、何も語らずともいのちがあるかぎり、子どもは「あなたといっしょに、もっと生きたい」と語りかけてくれている。それが愛情のもっとも純粋な形だと、私は思う。だから人生は短かろうと、彼らは他に多くを与えつづけて生き、そして生き抜いたのだ。

悲しむべきは彼らの短すぎる人生ではなく、障害者自立支援法によって、障害のある彼らが生きつづけた意味を黙殺し、彼らを社会の重荷のようにあつかう政治と行政のあり方だ。福祉、医療、車椅子などの補装具の利用に、高額な「応益（定率）負担」を導入し、「自立」いや「生きる」ためには「公平な費用負担」をせよと言っているのである。障害が重く重複する人ほど負担が加算される。その一方で、高い工賃を稼ぎ出し、障害者の一般就労を実現した施設には、報酬が加算される。障害者も一生懸命働いて、納税者になって社会を支えよ、そうすることのできない者は、「自己責任」によって生存を確保しろと言外に言っているのだ。障害者にも「勝ち組・負け組」をつくるのか。

　国連での「障害者権利条約」の採択にまで至った障害のある人々の基本的人権の確立の歴史と、あまねく「自己責任の原則」を適用しようとするわが国の障害者福祉政策は、今、せめぎあいのときにある。こんなときだからこそ焦らず、しかし力強く、障害のある人々とその家族の日々の営みを、社会に対して具体的に語ってゆきたいと思う。そこにある生活の機微を知ったとき喚起される想像力は、家族の幸福を願いながらひたむきに生きている多くの国民の生活への想像力に発展し、その幸福の実現のために、手をつなぎあう力となるだろう。そして、この国の政治のあり方を改めようとする連帯が広がっていく。

　だから障害のある彼らとともに生きる人々は、面（おもて）を上げて、生活と人生を語ってほしい。あなたの子どものいのちと日々の営みこそが、社会を豊かにする価値の生産なのだ。それゆえに、あなただけが守らなければならないいのちではなく、人間としての尊厳と基本的人権を等しくもったいのちであることを、声高く宣言してほしい。
　　　　　　　　　　　　　　　　　　　（「しんぶん赤旗」2007年1月24日）

　以上のような思いをもって、筆者の臨床研究を、「障害の重い子ども」の生きたしるし、声にならない声として残しておくべきだと考えた。本書は、すべて10年から20年前に研究発表したものを基礎にしており、実際には筆者の20歳台後半から30歳台の研究によっている。初出は以下の通りである。

第Ⅱ部第3章の前半および第5章は、『発達障害論・第1巻―研究序説』かもがわ出版（1994年）の第Ⅱ部第4章「てんかんと発達障害」。
　第Ⅱ部第4章および第6章は、「レット症候群とアンジェルマン症候群―その発達障害について」『障害者問題研究』第25巻第1号、pp.14-30（1997年）。
　第Ⅱ部第7章は、「重度自閉症の行動と発達」『障害者問題研究』第33巻第1号、pp.10-17（2005年）。
　これらには、大幅な加筆と修正を行った。
　「序」を寄稿していただいた青山みすずさんとは、広島県福山市を中心とした地域での「発達保障」を願う人々の学習会で30年近い歳月をともにさせていただいた。障害や発達と向き合い、それを理解しようとするていねいな実践を障害者差別の温床だとする声の大きい地域にあって、子どもをより良く理解するための学習運動を多くの施設職員の共同によって築いてこられた。この地域の障害乳幼児の施設は、協議会をつくり、研修や学習にとどまらず、地域の保育所などへの相談支援体制を国に先駆けて構築されてきた。現下の社会福祉や特別支援教育のあり方は、施設や学校が他と競って成果をあげることを求めるものになっているが、「競争」ではなく「連帯と共同」こそ地域の発達保障を支える基盤であることを示してこられた。
　筆者は、京都保健会吉祥院病院、右京病院などで働き、その医療のなかでの「発達相談」の実践と研究から本書は成立したといってよい。医師の橋本加津代、尾崎望、玉本晃、出島直の各氏、発達相談員の先輩・同僚の田中杉恵、荒木穂積、佐々木美智子、千草篤麿、林や恵、別府哲、井上美子、瀧口直子、佐々智子の各氏に、たくさんのことを教えていただいた。現在は福岡市で「レーヴェ」という発達相談室を開設する瀧口直子さんには、第Ⅱ部に関わる実践と研究を共同で行っていただいた。
　かつての「子ども」のみなさんは、不慣れな発達相談員であったころから辛抱強く筆者とつきあってくれた。そのお母さん、お父さんは、惜しみなくわが子との生活を語ってくださった。

本書の第Ⅰ部第1章の解説写真にご協力いただいたのは、筆者と妻の友人であるお母さん、お父さん、その子どもたちである。妻の白石恵理子は写真撮影を共同で進めてくれている。

　龍谷大学大学院社会学研究科大学院生の中尾由依さんは、原稿の整理を担当してくれた。

　これらすべての人々によって本書は準備された。深い感謝を捧げたい。

　最後に、10年前に原稿を届けながら、出版に向けての作業を始めなかった筆者を辛抱強く待ってくださった㈱クリエイツかもがわの社長・田島英二さん、伊藤愛さんに感謝したい。田島さんには、かもがわ出版時代に筆者の『発達の扉・上下巻』を出していただいた。この本は、いまも多くの読者を得ているという。

2016年8月6日
広島原爆忌に平和を願って
白石正久

●写真に登場した子どもたち（50音順）
　大島　創くん　　佐々綾音さん　　佐々慶成くん　　佐々木美晴さん
　竹内彩結さん　　中島紬希さん　　中島麦希さん　　西川楓太くん
　藤木恵美さん　　松島　葉さん

著者｜白石正久（しらいし まさひさ）
1957年群馬県生まれ
京都大学大学院教育学研究科博士後期課程研究指導認定退学
障害児の発達診断、障害児教育専攻
右京病院発達相談室、大阪電気通信大学の勤務を経て、現在龍谷大学社会学部現代福祉学科教授
著書に『発達障害論 第1巻 研究序説』かもがわ出版（1994）
　　　『発達の扉 上・下』同（1994・96）
　　　『発達とは矛盾をのりこえること』全国障害者問題研究会出版部（1999）
　　　『障害児がそだつ放課後』かもがわ出版（2007）
　　　『自閉症児の世界をひろげる発達的理解』同（2007）
　　　『やわらかい自我のつぼみ』全国障害者問題研究会出版部（2011）
　　　『子どものねがい子どものなやみ　改訂増補版』クリエイツかもがわ（2013）
　　　『発達と指導をつむぐ』全国障害者問題研究会出版部（2014）
共編著に『教育と保育のための発達診断』全国障害者問題研究会出版部（2009）
　　　『自閉症の理解と発達保障』同（2012）
　　　『「この子の願いをわかりたい」からはじまる療育』かもがわ出版（2014）
　　　『発達保障のための相談活動』全国障害者問題研究会出版（2014）

障害の重い子どもの発達診断
基本と応用

2016年8月31日　　　初版発行

著　者　© 白石正久

発行者　田島英二
発行所　株式会社 クリエイツかもがわ
　　　　〒601-8382　京都市南区吉祥院石原上川原町21
　　　　電話 075(661)5741　FAX 075(693)6605
　　　　ホームページ http：//www.creates-k.co.jp　メール info@creates-k.co.jp
　　　　郵便振替　00990-7-150584

印刷所　T-PLUS/為国印刷株式会社

ISBN978-4-86342-193-6 C0037　　　　　　　　　　　　　　　　　printed in japan

好評既刊

スマイル　生まれてきてくれてありがとう
島津智之・中本さおり・認定NPO法人NEXTEP／編著

重い障害があっても親子がおうちで笑顔いっぱいで暮らす「当たり前」の社会をつくりたい。子ども専門の訪問看護ステーション、障害児通所支援事業所のユニークな取り組み。　　1600円

よくわかる子どものリハビリテーション
栗原まな／著　　1400円

リハビリを必要とする子どもの家族、施設や学校関係者などの支える人たちへ、検査方法やスタッフがどのように関わるか、疾患別にみたリハビリテーションなど、基礎的な知識をやさしく解説

未来につなぐ療育・介護労働　生活支援と発達保障の視点から
北垣智基・鴻上圭太・藤本文朗／編著

腰痛問題、具体的な移動介助の方法、医療的ケア、人材養成・研修、福祉文化論、働く人々へのメッセージまで、課題を総合的に提起。　　2200円

生きることが光になる　重症児者福祉と入所施設の将来を考える
國森康弘・日浦美智江・中村隆一・大塚晃・社会福祉法人びわこ学園／編著

いのちや存在そのもの、教育、発達保障、人権、地域生活支援・システムの視点から重症児者支援の展望を探る。療育の歴史を振り返り、入所施設・機能の今後の展開、新たな重症児者支援のあり方を考える。　　2000円

奇跡がくれた宝物　いのちの授業
小沢浩／編著

重度の障害のある子どもたちやそのご家族とのかかわりのなかで小児科医師である著者が、母校の子どもたちに語った「いのち」とは。　　1700円

「てんかん」入門シリーズ　　公益社団法人日本てんかん協会／編

てんかん発作こうすればだいじょうぶ（改訂版）　発作と介助
川崎淳／著　2000円

てんかん、こうしてなおそう　治療の原則
久保田英幹／著　1600円

てんかんと基礎疾患　てんかんを合併しやすい、いろいろな病気
永井利三郎／監修　1200円

最新版　よくわかる　てんかんのくすり
小国弘量／監修　1200円

すべてわかる　こどものてんかん
皆川公夫／監修・執筆　1300円

子どものねがい子どものなやみ（改訂増補版）
乳幼児の発達と子育て
白石正久／著

発達とは、矛盾をのりこえること—現実の自分を前に苦しんでいる、しかし、発達への願いを放棄しない心を感じ合える。そんなとき、ともに前を向いて、いっしょに矛盾をのりこえていく力も生まれてくる。だからこそ…発達の矛盾をみつめることは、人と人の絆をつくる。　　2000円

［本体価格表示］